Sadko G. Solinski, Abenteuer Camargue

Sadko G. Solinski

Abenteuer Camargue

Reiter- und Pferdegeschichten aus der Camargue

Mit 22 Abbildungen von Hans W. Sylvester

1975

Paul Parey

CIP-Kurztitelaufnahme der Deutschen Bibliothek

Solinski, Sadko
Abenteuer Camargue : Reiter- u. Pferdegeschichten aus d. Camargue.

ISBN 3-489-77232-6

Umschlag- und Einbandgestaltung: Jan Buchholz und Reni Hinsch, Hamburg.
Umschlagbild: Hans W. Sylvester.

 Anschriften: 1 Berlin 61, Lindenstraße 44–47; 2 Hamburg 1, Spitalerstraße 12. Printed in Germany by Saladruck Steinkopf & Sohn, Berlin 36. Buchbinder: Lüderitz & Bauer, Berlin 61.

ISBN 3-489-77232-6

INHALT

DIE CAMARGUE

Im tiefen Süden Frankreichs, zwischen den Costières du Gard, den Alpilles und der Mittelmeerküste, liegt ein Stromdelta, das die Flüsse Rhône und Durance zusammengetragen und aufgeschüttet und die Wogen des Meeres ausgeformt haben. Flach, sich über den Meeresspiegel kaum erhebend, gleicht es, von sieben Stromarmen und Hunderten von Kanälen in Nordsüdrichtung durchzogen, einem Floß, das sich, hier gestrandet, im Laufe der Jahrtausende im Festland eingebettet hat. Ein halbes Dutzend Ortsnamen verweisen denn auch mittel- oder unmittelbar auf den Begriff „Radeau", „Floß".

Auf den amtlichen Landkarten heißt dieses Gebiet, das weder sicheres Festland, noch eine zusammenhängende Insel darstellt, und weder trockengelegten Meeresboden, noch Marschland umfaßt, das von all dem jeweils nur einige Züge besitzt: die Camargue. Die Einheimischen nennen es „la Terro Santo", den „heiligen Boden" oder „Boden der Heiligen", da, einer alten Legende zufolge, drei Frauen aus Christi Gefolgschaft hier in einer steuer- und ruderlosen Barke angeschwemmt wurden.

Die Camargue besteht zugleich aus Schwemmland mit niederen Böden, die im Winter unter Wasser stehen, aus Salzseen (Etangs) und Sümpfen und aus einem Archipel hoher Böden, das die Rhônearme vom felsigen Hinterland trennen. Sie umfaßt Salzwüsten und Strände, karge Kampfstier- und Wildpferdweiden, Steppen, Reisfelder, Einöden und Rebgärten, salzhaltige blutbraune Gewässer, Obstplantagen und Äcker mit Luzerne und Korn. Reisbauern leben neben Kampfstier- und Pferdezüchtern (Manadiers), Wilderer neben Fischern, Gardians (berittene Kampfstierhirten) neben Zigeunern, wenn zwischen zwei Gehöften (Mas) oder Hütten (Cabanes) oft auch zehn Kilometer „Sansouiro", salziges Ödland, Sumpf und Schilfmeer liegen. Reste von Tier- und Pflanzenarten gedeihen hier, die anderswo schon ausgestorben sind. Und Menschen behaupten sich in dieser Gegend, für die die Industriegesellschaft längst keine Verwendung mehr hat. Die Camargue ist ein Landstrich, der jeglichen Vergleich mit einem anderen Randgebiet dieser Welt von vornherein ausschließt. – Wenigstens war dem noch so, als ich vor nahezu zwanzig Jahren erstmals die „Terro Santo" betrat.

Die dreißig Kilometer pistenartiger, teils ungeteerter Straße, die sich

damals von der Rhônebrücke bei Arles nach Saintes Maries de la Mer, zum südlichsten Dorf des Deltas, wand, ließen jeden Schritt zum Schock, jeden Blick zum Schauer werden. Nichts hier erinnerte an Vertrautes; hinter jeder Windung des Weges lauerte ein noch befremdenderes Stück Neuland, Mondlandschaft, Marskanal. Im Norden loderten die schwarzen Flammen der Zypressenreihen als Windschutz und Begrenzung von Rebfeldern, Schafweiden, Obstgärten. Dann säumten übermannshohe Vorhänge aus Schilf und Rohr den Weg und verunmöglichten jeglichen Rundblick. Weiter im Süden entflog einem der Blick darauf unvermittelt in Weiten, aus denen nur schwer zurückzufinden war. Dann blieb er, jenseits einer Schilfmeerbucht, an silberweißen Gehöften in blaudunklem Pinienschatten hängen, aus dem Zikadenheere herübersirrten, die Windstille mit Beklemmung aufladend. Und über all dem zerfloß, den Himmel scheinbar restlos ausfüllen wollend, der Sonnenfleck und glühte selbst die Schatten am Wegrand aus.
Meinen ersten Eindruck von der Camargue umschrieb ich mit dem Begriff „körperlich schmerzhafte Grenzenlosigkeit". Kein Baum, kein Berg, kein Hügel gebot dem Blick im Süden Halt. Selbst die Atmosphäre über der Steppe und den Salzseen holte, statt die Ferne zu verschleiern, diese, wie eine teleoptische Linse, näher heran. Ich fühlte mich von der Weite ebenso bedrängt, wie von den Miriaden Stechmücken und von dem allgegenwärtigen blutbraunen, faulen, toten Wasser. Aufdringlich, penetrant aufdringlich erschien mir damals das Inseldreieck. Und dieser Eindruck hielt auch den fünf Jahren stand, in denen ich hier eine Gardianlehre absolvierte. Aber was gab es letztlich Heilsameres für einen, dem die Beziehung zur Umwelt abhanden gekommen war, als gerade solch konstante Aufdringlichkeit einer neuen Umwelt?
Camargue! Heute beschwört dieser Name in mir Erinnerungen an Gehöfte, Teilgebiete, Steppen, Pisten, Stiere, Pferde, Gardians, Manadiers und Dörfler, an Begebenheiten und Schauplätze; so an Lairan, im Westen der Kleinen Rhône: über eintausend Hektar steppenartigen Weidelands, nach Norden durch mehrfache Stacheldrahtzäune, nach Süden durch einen tückischen Sumpf abgegrenzt. Im Osten gehörten Teile eines Tamarisken- und Piniendschungels mit zur Besitzung, den ein Entdeckungsreisender des 19. Jahrhunderts wie folgt beschrieben hat: „Tausende von Raubvögeln halten die Baumkronen besetzt und monströse Schlangen kriechen über den Grund ... Wenn dieser Wald bei Sonnenaufgang erwacht und jeder Bewohner auf seine Weise das Tageslicht begrüßt, bildet das Gezeter, mit dem Donnern des Meeres ange-

reichert, ein Konzert, dessen Schrecklichkeit schwer zu beschreiben ist.“ Zu meiner Zeit wimmelten der Pinienwald und die Sümpfe von Lairan nur noch von Wildschweinen, von Bachen, Ebern, Frischlingen, welche den drei Herdenbesitzern (Manadiers), die die Domäne als Weide für über sechshundert Kampfstiere gepachtet hatten, schließlich zum Verhängnis wurden. – Doch noch trotteten die massigen blauschwarzen, schwarzweißgefleckten und rostbraunen Kampfstiere, Kreuzungsprodukte aus spanischen Bullen und Camargue-Kühen, in Gruppen und Grüppchen zerstreut über die Weide, verbargen sich zwischen Tamarisken, belauerten die Gardians aus dem Röhricht sumpfiger Niederungen, wichen in den Dschungel aus, wo sie sich im Pinienschatten zwischen Ginster- und Wacholderbüschen, Grüneichen und Rosmarin zum Wiederkäuen niederließen. Wer von den Manadiers auf die Stiersuche geschickt wurde, hatte mit den ersten Sonnenstrahlen aufzubrechen und konnte, mit viel Glück, bei Sonnenuntergang zurück sein. An sich wäre die Distanz, die man Lairans Grenzen entlang zurücklegte, auf einem guten Pferd in drei oder vier Stunden zu bewältigen gewesen. Doch die Unwirklichkeit und Tücke des Schilfmeeres, durch das die Schimmel sich, knietief im Wasser und Schlamm watend, ihre Umwege um Fließsandlöcher und Dickichte brachen, machten den banalsten Kontrollritt zu einem nicht enden wollenden Abenteuer mit ungewissem Ausgang.
War man dem Rohrdschungel entkommen, so galt es sich durch das Unterholz des Pinienwaldes zu schlagen. Am besten wäre man abgesessen, hätte sich Durchgänge freigehauen, wäre drüben wieder aufgesessen. Im Dickicht lauerten jedoch die Kampfstiere auf die geringste Unvorsichtigkeit des Hirten, ja warteten diese oft nicht einmal ab. – Lag der Urwald hinter dem Gardian und seinem Pferd, so führte der Nordzaun durch einen seichten Etang, in dem uralte Tamarisken wuchsen. Zwischen ihren von den Wellen bloßgelegten Wurzeln hatte sich Tang verfangen und zu Unterwasserpolstern aufgehäuft, aus denen ein Pferd nur schwer herausfand, hatte es sich darin gefangen. Mitten auf der Weide lag eine Reihe von Salzseen, die ihren Umfang mit der Jahreszeit veränderten und im Sommer Böden freilegten, in denen selbst Wildschweine versanken. „Hüte dich vor Stellen,“ hatte mir der Patron eingeschärft, „die nicht durch Stier-, Pferde- oder Wildschweinspuren als gefahrlos gekennzeichnet sind. Im Übrigen: escoute toun chivau – vertraue deinem Pferd; es unterscheidet am sichersten die faulen von den festen Böden!“
Bei meinem ersten Auftrieb in Lairan hielt mich der Patron, mitten auf der Weide lässig im Sattel zurückgelehnt, über eine Stunde lang neben

sich zurück. Am Horizont schoben sich eben die ersten Rindergruppen aus dem Röhricht und unter den Tamarisken hervor auf die kaum höherliegende Steppe, als er jäh das Schweigen brach und mit einer knappen Handbewegung gebot: „Die Männer im Schilf haben sich verspätet! Baue dich bei jener Tamariskengruppe auf und locke die Stiere auf die Steppe!“ Mein Grauschimmel, ein hölzernsteifes, alles andere als reinrassiges Camargue-Pferd, um das es angeblich „nicht schade“ war, sollte ihm etwas zustoßen, bekam die Stiefelabsätze zu fühlen und flog endlich hinüber, an den Rand des Schilfmeeres. Dort trabte er der Niederung entlang nach Osten und geriet dabei an eine Roubine (künstlicher oder natürlicher Kanal mit oder ohne meist stehendem Wasser). Hunderte von Klauen hatten den Boden an einer eng begrenzten Stelle diesseits und jenseits des Wassers umgepflügt. Mein Grauer strebte ruhig dem zu, was ich als eine Furt ansah. Er erreichte die Stelle. Ich nahm die Zügel leicht auf, um ihn ins Wasser zu führen. Er zögerte. Ich vermeinte den kritischen Blick des Patrons im Rücken zu spüren und boxte mit den Unterschenkeln. Der Schimmel stieg. Ein Hieb mit dem Zügelende: endlich platschte er auch schon mitten in die lehmgraue Brühe. Erwartend, das Wasser steige bis an meine Knöchel, hatte ich die Knie hochgezogen. Nun schlug die Brühe über uns zusammen, und nach dem ersten Schreck prustete ich ebenso verzweifelt, wie der Graue unter mir. Dieser sprang inzwischen das gegenseitige Ufer an, rutschte einmal ab, erkletterte es endlich. Hatte mich der Patron hierher zur Taufe geschickt oder ging es ihm wirklich um die Stiere? Ich vermied es, mich nach ihm umzusehen, begann stattdessen die Stiere zu locken und schloß mich endlich den Treibern aus dem Röhricht an.

Als wir, vier Stunden später, das Gehöft erreichten und die Stiere auf der Koppel einschlossen, schienen meine Kleider eben wieder trocken. Jan, mein Lehrmeister, grinste unentwegt herüber. Dann ließen wir uns vor dem Mas aus den Sätteln gleiten. Plötzlich trat der Gardian scheinheilig neben mich und sagte, nur mühsam das Lachen verbeißend: „Du mußt dringend Kanalpassagen, die selbst die Rinder nur im Weitsprung nehmen, von Furten unterscheiden lernen, sonst holst du dir noch den Tod!“

Lairan liegt westlich der Kleinen Rhône in der sogenannten „Kleinen Camargue“, die sich von der eigentlichen Camargue, vom Inseldreieck, nur durch höhere Fruchtbarkeit des Bodens, noch überlebenden Busch- und Baumdschungel und die Grenzenlosigkeit der Schilfmeere unterscheidet. Ein drittes Teilgebiet der Camargue ist die „Crau“ im Osten der

Großen Rhône, teils Sand- und Dünenwüste (in der heute der Industriekomplex von Fos-sur-Mer angesiedelt wird), teils Gerölleinöde, in der bis vor kurzem vor allem Schafe und Ziegen ihr Auskommen suchten. Der Großen Rhône entlang gab es hier seit jeher einige „Großgrundbesitzer", die Kampfstiere und Pferde züchteten und Reis, Reben, Korn oder Luzerne im Großen anbauten.

Gegen das Ende meiner Gardianlehrzeit machten Jan, mein Lehrmeister, und ich uns zeitweilig selbständig, das heißt wir verdingten uns tage- oder wochenweise als Gardians in Stierherden oder ritten Junghengste oder verdorbene Pferde („Repris de Justice", sogenannte „Rückfällige") für Züchter zu, denen wir empfohlen worden waren. Einmal weilten wir so vierzehn Tage lang bei einem Pferdezüchter in der Crau, ritten zusammen drei Jungschimmel zu, führten sie am Morgen vor dem Aufbruch dem Patron vor, trabten endlich, durch ein überreiches Frühstück verspätet, auf unseren eigenen Pferden aus dem Gehöft. Es war Herbst. Die Bäume am Rhônedamm erschienen als eine Reihe bunter Lampions, die einer auszulöschen vergessen hatte. Die Sättel knarrten und winselten unter uns. Die Kinnkettenenden der Kandaren begleiteten klingelnd das dumpfe Gepolter der unbeschlagenen Hufe auf dem Lehmboden. Jan und ich waren voll übermütiger Sorglosigkeit. Zwar sollten wir den Lohn für die Zureiterarbeit erst am nächsten Samstag in Arles erhalten, und wir hatten unsere Ersparnisse in Erwartung dieses Lohnes längst bis auf den letzten Sous ausgegeben. Aber würden wir nicht noch an diesem Abend zu Hause, in Saintes Maries, Freunde treffen und gewiß von dem einen oder anderen zum Essen eingeladen werden? Jan pfiff in gewohnter falscher Weise lustige Liedchen vor sich hin.

Wir erreichten die Meierei, in der wir während der letzten beiden Wochen übernachtet hatten und wo noch unsere Schlafsäcke und das Waschzeug abzuholen waren. Das Mas lag mitten in einer Ebene, in der sich ausgeglühter, nun oberflächlich angefeuchteter Lehmboden mit Geröllfeldern abwechselte. Rund herum standen ein paar Schirmpinien und, so weit der Blick reichte, Grüneichenbüsche. Nur fünf Reitminuten hinter dem Vorwerk waren, wohl schon vor einem Jahrhundert, Zypressenreihen in die Lücken zwischen die Grüneichen gepflanzt worden. In ihrem Windschatten hielt sich, über der Geröll- und Lehmschicht, etwas Humus fest, auf dem wiederum – erstaunlich üppig – Gras wuchs. Die ganze Pferdeweide unseres Patrons bestand aus solchen einzelnen windschattigen Grasböden. Die Pferdeherde selbst setzte sich aus – selbst für Camargueverhältnisse – kleinen, jedoch ungemein breiten, tiefbrüstigen, stämmigen

Schimmeln zusammen, die uns durch ihre Trittsicherheit immer wieder erstaunt hatten, obwohl sie unbeschlagen über die Geröllfelder geflogen waren.
Wir schnallten unsere Schlafsäcke, die Wäschebündel und das Ölzeug auf den Packtaschen hinter den Sätteln fest, schwangen uns auf die Pferde zurück und ließen sie in ihrem fleißigen Schritt zwischen Buschgruppen hindurch nach Nordwesten ausgreifen. Wo es der Boden zuließ, schoben wir sie in Trab oder kurzen Galopp und erreichten endlich die Überlandstraße, der wir bis zur Rhônefähre folgten.
Jenseits des Stromes wieder aufgesessen, knurrte Jan, wir hätten auf dem Hinweg zuviel Zeit zwischen den Reisfeldern bei Salin-de-Giraud verloren und hielten nun besser nach Nordwesten, um dem Reisgebiet auszuweichen. Tatsächlich hatten wir uns zu beeilen, wollten wir bei Einbruch der Nacht in Saintes Maries sein. Wir folgten einige Kilometer weit der Landstraße nach Norden. Dann bog Jan auf einen breiten Weg nach Westen ab. Der Sommer hatte tiefe Räderspuren zu steinernen Gleisen ausgeglüht. Wir ritten über eine Stunde zwischen ihnen.
Schließlich erreichten wir ein einsames Gehöft. Ein Hund heulte aus dem Schatten einer Scheune. Seine Kette klirrte. Ein halbes Dutzend Enten watschelte schnatternd zu einem sumpfigen Loch. Wir umritten das Mas in nördlicher Richtung, folgten einer Piste nach Nordwesten, gerieten auf eine Stierweide, deren Drahtportal offenstand, schlugen uns durch Tamariskendickicht, erreichten nach kurzer Suche ein geschlossenes Gattertor, ließen uns ein, trabten weiter, bis Jan unversehens seinen Hengst zügelte und angestrengt nach Westen luchste. „Endlich .... das Ufer des Vaccarès!" rief er, und Erleichterung schwang in seinen Worten mit. So sehr ich mich auch auf den Tamariskenstreifen vor uns konzentrierte, Wasser machte ich dahinter nicht aus und noch weniger den Vaccarès, den größten Salzsee des Inseldreiecks. Aber Jan kannte die Gegend schließlich besser als ich.
Wir galoppierten an und ließen die Pferde ihren Rhythmus finden. Zehn Minuten später schlugen wir uns erneut mit kratzenden, beißenden, salzstaubigen Tamariskenästen, gerieten an einen Stacheldrahtzaun, in dem wir endlich ein Loch entdeckten, überwanden springend zwei ausgetrocknete, steiltiefe Roubinen, bevor wir letztlich doch noch auf eine jener typischen, die Augen beizenden, silbernblendenden Salzsteppen fanden. Jan krächzte heiser: "Voilà, die Steppe des Pèbre! Was haben wir nur für einen unsinnigen Umweg gemacht!" – Meiner Ansicht nach mußten wir uns weit im Norden des Pèbre befinden. Als ich Jan hierauf

ansprach, schüttelte er unwillig den Schädel: „Quatsch! – Der Vaccarès liegt hier vor uns im Westen!“ Eine halbe Stunde später erreichten wir tatsächlich die Landstraße und das Ufer des Vaccarès. Doch der Salzsee breitet sich nun nicht westlich, sondern südlich von uns aus. Wir waren weiter gelangt, als wir angenommen hatten. Jan lachte vor sich hin: „Wir haben eben doch keinen Umweg gemacht! Wir sind bloß etwas zu weit nach Norden abgeraten. Tant pis, reiten wir eben über Méjanes nach Saintes Maries zurück!“

Ich war von dieser Aussicht nicht gerade begeistert, hingen wir unserem Weg damit doch rund zwanzig zusätzliche Kilometer an.

Die Hitze, die am Morgen und am frühen Nachmittag erträglich gewesen war, drückte nun mit einem Mal stickig feucht. Jan hatte sein Pfeifkonzert längst abgebrochen und riß sich alle hundert Meter den breitrandigen Hut vom Schädel, um damit nach den Mücken, den Stechfliegen und Bremsen zu schlagen, die den Pferden und uns immer härter zusetzten. Obwohl wir nur schnellen, raumgreifenden Schritt ritten, schwitzten unsere Tiere aus allen Poren. Zudem wuchs nun unheimlich rasch eine tiefschwarze Wolkenwand aus dem Südwesten. „Zwecklos, weiter der Straße zu folgen; die schlägt einen Bogen nach dem anderen,“ rief Jan und trabte quer über eine zaunlose Weide nach Nordwesten. Ich folgte ihm, während mein Blick wieder und wieder zur Wolkenwand abirrte.

Ziemlich genau vier Jahre früher hatte ich schon einmal ein Gewitter hier, am Nordende des Vaccarès, erlebt und legte keinen Wert darauf, das Abenteuer nochmals auszukosten. Doch je dunkler es um uns wurde, je erregter die Pferde trabten, desto fester stand für mich, daß wir heute nicht mehr nach Hause kämen. Ich brüllte Jan vor mir nach, ob er hier in der Gegend niemanden kenne, keinen Manadier oder Gardian, bei dem wir übernachten könnten. „Si, vieux,“ brüllte er zurück, „aber das Mas liegt weiter im Norden.“ Die letzten Worte zerriß der Gewitterwind. Um uns herrschte tiefdunkle Nacht. Ich folgte Jans Hengst so dicht wie möglich. Dann schnallten wir, wie auf Kommando, eilig das Ölzeug von den Satteltaschen. Noch während wir die Mäntel zuknöpften, schlug ein erster Blitz hundert oder hundertfünfzig Meter links hinter uns in ein Tamariskendickicht, aus dem sogleich helle Flammen sprangen. Sturmböen rissen uns beinahe aus den Sätteln. Die Schimmel jagten nun mit unregelmäßigen Sprüngen Seite an Seite vorwärts, während von einer Sekunde auf die andere ganze Brecher auf uns herabzustürzen begannen. Jan und ich ließen uns nicht aus den Augen. Die Pferde rasten weiter, setzten durch Lücken in Tamariskenhecken, sprangen über Bewässerungskanäle aufgegebener Reisfelder, ließen sich oft nur widerwillig durchparieren, um beim nächsten Donnerschlag erneut davonstieben zu wollen. Einmal folgten wir kurz einer Landstraße, dann wieder glitschigen Pisten, und die Wassermassen schlugen uns in die Münder, Nasen und Ohren. Längst trugen wir keinen trockenen Faden mehr am Leib. Und längst wußte ich nicht mehr, wo Norden oder Süden war. Das erschien mir nun auch gleichgültig, wenn unsere Pferde diese heillose Jagd nur unbeschädigt überstanden!

Plötzlich war das Gewitter vorbei. Wir trabten über eine Schafweide, die als ein genauvermessenes Rechteck angelegt schien. Nach und nach wurde es wieder etwas heller, obgleich die Nacht das Wolkendunkel abzulösen im Begriffe war. Ich fragte Jan, ob er wisse, wo wir seien? Er schüttelte den Schädel und drängte dennoch scheinbar zielbewußt seinen Gabian zwischen die Schilfrohre eines wasserlosen breiten und tiefen Kanals und am gegenseitigen Ufer auf eine andere rechteckige Schafweide hinauf. Ich folgte ihm, unfähig, einen klaren Gedanken zu fassen. Dort standen bis auf den knolligen Stamm gestutzte Weiden einem schmalen Damm entlang, der, zwischen Rohrvorhängen hindurch, zu einer neuen Schafweide führte. Die Pferde trabten von sich aus an. Wenige Meter weiter parierte Jan jäh durch. „Wenn mich nicht alle guten Geister verlassen haben, brennt da, schau, gerade vor uns, nein, dort, weiter links, ja dort, ein Licht!" Tatsächlich leuchtete in vielleicht vierhundert oder fünfhundert Meter Entfernung ein rötliches Licht, das immer wieder zu erlöschen drohte.

Wir galoppierten an, und die Pferde hielten von sich aus auf das Licht zu. Es war wirklich ein Licht, das Licht einer Petroleumfunzel hinter einem Fenster mit rotkarierten Gazevorhängen, vor dem der Wind die Äste eines Feigenbaumes bewegte. Als wir die Pferde vor der winzigen Hütte durchparierten, trat ein Alter auf die Schwelle, die Sturmlaterne in der erhobenen Linken, blickte uns lange in die Gesichter, schlurfte dann in Holzpantinen zu einer Scheune aus Schilf, öffnete das Tor, winkte uns, mit den Pferden einzutreten. Wir ließen uns aus den Sätteln gleiten, führten Gabian und Dur in die Scheune, sattelten und zäumten sie ab. Der Alte zerrte derweil einen Ballen Heu unter einem Haufen vergilbten Strohs hervor. Wir banden die Schimmel an den Trägerbalken des Schilfdaches an, warfen ihnen Heu vor und Stroh unter. Daraufhin trat der Alte mit einem Kessel herein und stellte ihn zwischen die Tiere. Endlich krächzte er mit einer erstaunlich hohen Stimme die ersten Worte des Abends:

„Entrez! Je vais faire du feu! – Kommt 'rein! Ich mache Feuer!" und schlurfte uns in die Wohnhütte voraus.
Wir schlossen das Scheunentor, unsere Packtaschen über die Schultern geworfen, und folgten dem Alten in den einzigen Raum der Hütte. Unser Gastgeber kauerte bereits vor dem Kamin, hatte trockenes Schilf gebündelt, schob es unter angekohlte Astreste, entzündete ein abgebranntes Streichholz an der Sturmlaterne und setzte das Schilf in Brand. Jan schloß die Hüttentüre und sagte: „Bonsoir!"
„Changez-vous!", antwortete der Alte.
Wir entnahmen den Packtaschen trockene Wäsche und zogen uns fröstelnd um. Der Alte schnitt inzwischen wortlos Zwiebeln in eine Bratpfanne, schöpfte aus einem irdenen Topf aufgequollene weiße Dörrbohnen und etwas Wasser, schnitt eine frische Tomate dazu und schob die Pfanne auf ein eisernes Dreibein, das er ins Kaminfeuer gesetzt hatte. Wir hingen die nasse Wäsche, die Hosen und Manschesterjacken über einen Draht, der vor dem Kamin von einer Hüttenwand zu anderen verlief. Der Alte sagte darauf, Jan in die Augen luchsend, auf provenzalisch: „Kommt wohl von weit her!"
„Von der anderen Seite der Rhône, vom Mas der Zypressen!"
„Tè! Ist Pierrot noch immer Baile (Chefgardian)? "
„Da reiten nur noch der Vater und ein Sohn!"
Der Alte setzte sich an den Tisch hinter die Petroleumfunzel, gebot Jan, einen klapperigen Stuhl aus der Ecke heranzurücken, mir, mich auf die Kiste an der Wand, diesseits des Tisches zu setzen. Von einem Bord zu seiner Rechten nahm er drei Gläser, füllte sie mit Rotwein und schob uns je eines hin. Wir tranken. Endlich wurde mir wieder etwas wärmer. Der Alte rollte eine Zigarette, bot den Tabak und das Papier Jan an, der den Schädel schüttelte, dann mir. Ich bediente mich und brannte die Zigarette über der Petroleumfunzel an.
„Ihr seid aus Arles!" nahm der Alte das Gespräch wieder auf. „Nein, aus Saintes Maries!" Jan erzählte, wie wir uns verirrt hatten, nur um den Reisfeldern bei Salin-de-Giraud auszuweichen. „Wir wollten schließlich zur Jassagne, um dort zu übernachten!"
„La Jassagne? Es sind noch gut acht Kilometer bis dahin! Ihr könnt auch bei den Pferden drüben in der Scheune schlafen!"
„Ben, vielen Dank!"
Wir befanden uns in einer jener innen und außen weißgekalkten, schilfbedeckten Gardianhütten, die, nach Norden abgerundet, aus mit Lehm beworfenem Schilf bestanden. Der Alte war, wie er uns während des

Bohnenessens erklärte, sein Leben lang Gardian bei einem bekannten Manadier gewesen und hatte, als er schließlich pensioniert worden war, das „Glück gehabt", bei einem Nachbar als Wildhüter unterzukommen. Seither lebte er in dieser Hütte und kontrollierte sein Revier, wie er stolz bemerkte, weiter zu Pferd. Je mehr er uns nach und nach über sich verriet, desto fröhlicher kam er in Fahrt; er entkorkte noch eine Flasche Wein, und das Kaminfeuer konnte ruhig ausgehen.

Gegen Morgen erhob sich der Mistral, der Sturmwind aus dem Norden, der den Himmel der Provence in wenigen Stunden wolkenrein zu fegen pflegt und die Mücken und Bremsen in die Schilfmeere verbannt. Er raspelte am Scheunendach, machte die Trägerbalken knarren und die Pferde sich zusammendrängen. Ich verkroch mich mit dem Schlafsack noch etwas tiefer in den Strohhaufen und schlotterte dennoch weiter.

Der Tag brach an. Aus der Wohnhütte drang Kaffeeduft herüber. Jan und ich schlüpften in die Stiefel und warfen den Pferden große Bündel Heu vor die Hufe. Als ich mit dem Eimer zum Wasserloch ging, um Waschwasser zu holen, glaubte ich mich jäh in eine fremde Gegend versetzt. Zwar hatten wir gestern richtig gesehen: Wir befanden uns auf einer langen, schmalen Schafweide, die von Kanälen voll übermannshohen Binsen rechteckig abgegrenzt wurde. Doch neben der Scheune lag ein Streifen sorgsam eingezäunten Gartens, in dem Courgetten und Auberginen, Artischocken, Salate, Karotten, Bohnen, Kartoffeln und Erdbeeren, Erbsen, Melonen, Karden und Sellerie und vieles mehr angepflanzt oder abgeerntet waren. Sogar ein ansehnliches Quadrat Luzerne, vermutlich Stallhasen zubestimmt, gab es und ein kleines Stoppelfeld, auf dem Gerste gestanden hatte. Ich war noch immer in diesen Anblick versunken, als der Alte neben mich trat: „Bonjour, Gardianou!"

„C'est extraordinaire! Wie kriegen Sie auf diesem lausigen Boden hier nur all diese Gemüse zum Wachsen? "

„Ah ça! Mein Geheimnis! Ich hab auch einen Feigenbaum, zwei Apfelbäume und einen Maulbeerbaum! Vien voir!"

Er führte mich über einen breiten Steg aus alten Telephonstangen durch eine Lücke im Binsenvorhang auf eine eingezäunte Nachbarweide, auf der ihm ein mächtiger Schimmel entgegenwieherte. Nun konnte ich den Blick auf einmal nicht mehr von diesem Tier losbekommen, obgleich mich der Alte zweimal anstieß und seine Obstbäume pries. Der Schimmel war ein

oben: Die Camargue, ein Landstrich zwischen Salzseen und dem Meer
unten: Fünf Uhr morgens: Aufbruch zum Sammeltreiben

Modell genau jenes Camargue-Pferdes, das dem neuen Zuchtziel der Herdenbesitzer entsprach. Größer, breiter gebaut als mein Dur, dabei jedoch mit mindestens ebensoviel Temperament begabt, schnaubte der Wallach ein paar Schritte vor uns in die Morgenfrische. Die aufgehende Sonne färbte sein makellos weißes, vom Regen durchgekämmtes Haarkleid orangerötlich und ließ die Goldtöne der Haarspitzen Mikrofunken sprühen. Nie, glaubte ich, hatte ich ein ebenmäßigeres, schöneres Pferd gesehen. Ich sagte es dem Alten, als Jan neben uns trat. Der Wildhüter schüttelte den Schädel, machte „tètètètè" und krächzte: „Er ist neunundzwanzig Jahre alt! Hab' ihn als Fohlen mit der Flasche aufgezogen!"
Beim Frühstück, das wie üblich allein aus dem schwarzen Zichorienkaffee bestand, erklärte uns der Alte den Weg nach Méjanes, von wo aus wir uns zurechtfinden würden. Wir sattelten und zäumten auf, und der Alte begutachtete kennerisch unsere Tiere. Endlich schwangen wir uns in die Sättel und ritten an. Da stürzte sich Jan jäh mit einem schrillen Schrei auf mich, packte mich am Kragen meiner Manchesterjacke und versuchte mich vom Pferd zu werfen. Ich riß mich los, warf meinen Schimmel herum, jagte Jan ein halbes Dutzend Sprünge nach, bekam seinen Hengst am Schweif zu packen, dann Jan am linken Bein, versuchte ihn aus dem Sattel zu stemmen, doch er entkam. Der alte Wildhüter brüllte vor Vergnügen, feuerte unablässig jeweils denjenigen an, der gerade angriff, bis zum Augenblick, in dem mich Jan, fünf Minuten später, endgültig aus dem Sattel kippte. Beim Sturz verfing sich mein linker Stiefel am Sattelhorn des Hinterzwiesels, und ich hing, mit dem Kopf auf der Erde, an meinem Dur herab, unfähig, mich weder freizustrampeln, noch in den Sattel zurückzugelangen. Mein Wallach hatte sogleich die Vorderhufe in den Boden gestemmt und stand, wie ein Denkmal, bis mich der Alte und Jan aus der mißlichen Lage befreit hatten.
Nun wollte uns unser Gastgeber nicht mehr aufbrechen lassen. Er behauptete, wir hätten ihm mit dem Reiterspiel das größte Vergnügen aller Zeiten bereitet, ja, wir müßten wohl oder übel von seinem Marc kosten, den er für besondere Anlässe in einem Erdloch des Hüttenbodens aufbewahrte. – Als wir schließlich doch noch aufbrachen, winkte er uns, mit beiden Armen rudernd, lange nach und schrie und krächzte wieder und wieder: „Verirrt euch bald wieder, li gardian!"
Jan pfiff erneut mißtönende Liedchen. Die Sättel knarrten, die Pferde schnaubten, der Mistral boxte böig in unsere Rücken und sirrte uns in die

Jan (1959)

Ohren. Méjanes lag hinter uns. Wir befanden uns auf der Piste am Ufer des Vaccarès, der wir so manches Mal in den vergangenen Jahren nach Carrelet gefolgt waren, zum Weideland der Kampfstierherde Escambarlas. Trotz des Mistrals lag der Salzsee glatt. Im Windschatten des Dammes stelzten vereinzelt Seidenreiher durch die Roubine, zogen die Hälse ein, vernahmen sie das Hufgepolter, blickten anderswohin und hofften wohl, wir täten desgleichen. Einmal schwirrte uns ein Eisvogel voraus, setzte sich auf den Ast einer Tamariske und wartete, bis wir ihn beinahe erneut eingeholt hatten. Der Winter war nicht weit. Bald schon würde das Meer die Strände überspülen und ... „Hoffentlich schwemmen die Südstürme genügend Brennholz an!" unterbrach Jan meine Gedanken. Ich nickte. Im Südwesten breitete sich die Steppe mit ihren blutroten und orangegelben ausgeglühten Salzpflanzen, den schwarzgrünen Büscheln des spitzen Hartgrases und den vergilbten Tamarisken. Die bisher silberne Salzkruste des Bodens hatte das Gewitter gestern aufgelöst. Huf- und Klauenspuren aus dem Frühjahr waren unter Wasser sichtbar. Der Winter stand tatsächlich schon hinter den Alpilles.

JAN

Ein Sonntagmorgen im Frühling vor nahezu zwanzig Jahren. – Am Vorabend, am Tag meiner Ankunft in Saintes Maries de la Mer, hatte ich in der Stehbar gehört, „l'Escambarla", der Baile-Gardian de „l'Amarée" führe heute seinen Patron und einige Gäste durch die Kampfstierherde. Ich hatte noch nie Kampfstiere, weder aus nächster Nähe, noch bei einem Auftrieb gesehen und mich deshalb schon bei Sonnenaufgang zum „Mas de l'Amarée" auf den Weg gemacht. Nun stand ich am Straßenrand, durch einen Wassergraben, einen Stacheldrahtzaun und einen Streifen Steppe vom Gehöft getrennt, und schaute zu, wie neun Reiter im Nordwesten die Herde blauschwarzer Rinder durch Tamariskendickicht, einen Ausläufer des Salzsees, Kanäle, Schilffelder und über die Steppe trieben. Endlich erreichte der mit einer Schelle ausgezeichnete Leitstier die Nordseite des Gehöfts, entschwand meinem Blick, tauchte wieder auf und führte die Herde, scheinbar ziellos, mitten auf ein Stück buschloser, freier

Steppe hinaus, wo sie sich alsbald in Gruppen und Grüppchen bis auf Steinwurfweite zu mir hin zerstreute und friedlich zu weiden begann.

Jetzt erkannte ich auch die Reiter. Der Gruppe voraus ritten ein älterer Gardian, an seinem Trident, dem langen Hirtenstock mit der schmiedeeisernen Dreizackspitze erkennbar – wohl der Baile-Gardian (Chefgardian) – und der Herdenbesitzer (Manadier). Hinter ihnen trabte ein jüngerer Gardian mit einer Baskenmütze, ohne Samtjacke, nur mit einer offenen Weste über dem Hemd, mit Gardianhosen und Gummistiefeln bekleidet, der ebenfalls einen Trident trug. In zehn Metern Abstand folgte ihm ein Pulk Reiter, die ich unschwer als männliche und weibliche „Gäste" ausmachte, hatten sie sich doch mit schneeweißen und hellbeigen Gardianhosen, knallbunten Hemden, vielfarbigen Halstüchern und riesigen Cowboy-Hüten zu Western-Fans verkleidet und hingen ziemlich kläglich in den Sätteln ihrer Pferde.

Der Manadier und die beiden Gardians trabten nun zwischen die Stiere, Kühe und Kälber, während die Gäste am Herdenrand lauthals über einen Jungbullen lachten, der vor ihnen stehen geblieben war. In der Herdenmitte erklärte der Baile-Gardian Verschiedenes recht ausführlich, wies auf den einen und anderen Stier, ritt kurz im Schritt einer Kuh nach, trieb ein Kalb zur Mutter zurück und erklärte erneut und gestenreich etwas, das der Manadier in einem Notizbuch aufschrieb.

Die Gäste langweilten sich offenbar. Jedenfalls versuchten sie, sich gegenseitig aus den Sätteln zu boxen, wichen einander aus, trabten hierhin und dorthin und trieben dabei die Herde auseinander. Ein junger Bursche mit einem blütenweißen Stetson-Hut verlegte sich darauf, eine Kuh vor sich her quer über die Weide zu jagen. Der jüngere Gardian sah dem Spiel seit kurzem sichtbar ungehalten zu. Plötzlich setzte er seinen Wallach in Galopp, flog zum Gehöft hinüber, bog den Lauf der gehetzten Kuh zum Herdenmittelpunkt zurück, rief den Gästen zu, die Rinder in Ruhe zu lassen und hielt erneut neben dem Manadier und dem Baile an.

Die jungen Städter lachten den gemaßregelten Burschen aus. Dieser hörte ihnen eine Weile zu, entgegnete daraufhin etwas und galoppierte plötzlich derselben Kuh erneut nach, mitten in die Herde. Da hakte das Rind herum, senkte das Hornpaar, warf sich mit den Vorderklauen Sand und Staub gegen den Leib. Des Burschen Schimmel stemmte augenblicklich die Hufe in den Boden. Die Kuh griff an. Der Schimmel warf sich herum, so daß sein Reiter beinahe aus dem Sattel kippte, und raste davon. Die Kuh verfehlte seine Flanke nur um einen Meter und blieb ihm hart an den Hinterhufen. Endlich schien der Macadam-Cowboy das Pferd wieder

unter Kontrolle zu bekommen. Er lenkte es auf den Manadier und die Gardians zu, die sich scheinbar über eine Rindergruppe im Norden unterhielten. Jedenfalls schienen sie das von der wütenden Kuh verfolgte Pferd erst im letzten Augenblick heranpoltern zu hören. Der Manadier und der jüngere Gardian konnten eben noch ihre Wallache herumwerfen, bevor der junge Bursche dicht an dem Baile vorüberraste und die ihm nachsetzende Kuh geradenwegs auf dessen Pferd hinlenkte. Ich sah den Wallach des Baile steigen, dann sich überschlagen und liegenbleiben, sah die Kuh weiterrasen, dem jüngeren Gardian nach, sah Blut an ihrer rechten Hornspitze glänzen, sah die sonderbar verrenkten Beine des Baile auf dem Steppenboden zwischen hellgrünen Salzpflanzen, während sich sein Schimmel mühsam vom Boden hochstemmte.
Die Kuh bremste mittlerweile ihren Amoklauf hinter dem jüngeren Gardian, worauf dieser, nahezu gleichzeitig, sein Pferd zu zügeln begann. Jetzt wandte er sich sogar im Sattel um, rief die Kuh an: „Hohohoooo, Toro, heihoo hoho!“ Die Kuh hielt an, senkte den Schädel, pflügte den Steppenboden mit den Vorderklauen auf. Der Gardian ließ seinen Wallach eine kurze Wendung ausführen und stellte ihn tänzelnd vor der Kuh quer. „Hohooo, la garce! Heiihooo, hoho!“ Die Kuh griff an. Der Wallach bot ihr seine linke Schulter dar. Einen knappen Meter vor dem Aufprall krachte die Tridentspitze, der kleine, eiserne Sichelmond mit der zentralen Zacke, auf die Nüstern der heransatzenden Kuh, brachte sie jäh zum Stehen. Der Gardian beugte sich – wie mir schien – gefährlich weit über die gefällte Lanze. Sein Wallach schob inzwischen die Hinterhufe Zentimeter um Zentimeter weiter unter seine Maße, bog sich, wie eine Katze vor dem Sprung, zusammen, und die Kuh begann zurückzuweichen. Jäh schüttelte sie den Schädel. Der Gardian riß den Trident zurück und ließ ihn zwischen ihre Ohren krachen. Sie brüllte auf und griff erneut an. Der Wallach brachte sich mit einem Satz in Sicherheit, der jeden, selbst guten Reiter aus dem Sattel katapultiert hätte. Doch der Gardian saß unverrückt fest, hatte erneut die Tridentspitze gefällt und fing damit gerade noch den nächsten Angriff ab. Die Kuh krebste brüllend zurück. Gelblichgrauer Schaum flockte aus ihrem Maul und von der bläulichen Zunge. Sie ließ Gardian und Pferd nicht eine Sekunde aus dem Blick und warf sich dabei, wie überlegend, von neuem Salzstaub gegen die Kniegelenke. Da stieß der Dreizack zum dritten Mal auf ihre Nüstern herab, und der Schimmel bog sich erneut zusammen. Diesmal schien die Kuh den Trident ihrerseits dazu benützen zu wollen, den Gardian vom Pferd zu stemmen. Jedenfalls bockte sie mächtig unter dem Sichelmond. Doch der

Schimmel trat mit der Hinterhand in die Achse des Tridentstoßes, schob sich, anscheinend unter gewaltiger Kraftanstrengung, weiter und weiter vorwärts. Da krachte die Kuh ächzend auf ihre linke Schulter und Seite in den Staub. Bevor sie sich aufzurappeln vermochte, bedachte sie der Gardian mit unglaublicher Behendigkeit am ganzen Leib mit Tridentbissen. Endlich kam sie auf die Beine hoch, warf sich nach Nordwesten herum, raste davon. Der Gardian blieb ihr dicht an der Kruppe, führte weiter Stoß über Stoß, bis sie sich am Ufer des Salzsees in einen Tümpel stürzte. Ohne anzuhalten, warf der Kampfstierhirte den Schimmel herum, raste in voller Karriere geradenwegs auf den Baile und dessen Pferd zu, brüllte dem Manadier, der neben dem Chefgardian kniete, etwas zu und jagte weiter, zur Stelle, an der ich diesseits des Zaunes stand.
Der Unfall und der sich daran anschließende Stierkampf hatten mich einerseits so sehr gebannt und sich andererseits in so kurzer Zeit abgespielt, daß ich erst jetzt daran dachte, ärztliche Hilfe herbeizuholen. Da parierte der Gardian auch schon den Schimmel durch und rief: „Schnell, einen Arzt und einen Krankenwagen!“
Ich rannte los. Unterwegs fiel mir ein, daß ich weder das Dorf kannte, noch wußte, wo der Arzt wohnte. Dann erinnerte ich mich, am Dorfeingang eine Bar gesehen zu haben. Ich lief darauf zu, hatte Glück, daß ein Telephon vorhanden war und daß die Verbindung zum Arzt schnell hergestellt werden konnte. Als ich, diesmal durch das Drahtportal, zum Mas de l'Amarée zurückkehrte, überholten mich ein halbes Dutzend Autos, darunter, wie ich wenig später sah, das des Arztes und ein Lieferwagen, der als Krankenauto diente.
Kaum eine Viertelstunde später, sah ich mich allein dem Gardian gegenüber, der den Stierkampf bestritten hatte. Er führte das unterhalb der linken Schulter schwerverletzte Pferd des Baile hinter sich her zum Gehöft, band es an einem Mauerring an, sattelte und zäumte es ab, und ich half ihm, die tiefe Rißwunde auszuwaschen, zu desinfizieren und notdürftig zu verpflastern. Daraufhin sattelten wir die Pferde des Manadiers und der Gäste ab und trieben sie auf die Koppel, wo bereits des Gardians Wallach weidete. Auf dem Rückweg zum Mas sagte der Stierhirte: „Dank für ihre Hilfe! Und fürs Arztholen! Sie scheinen sich mit Pferden auszukennen!“ Ein Grinsen stand ihm dabei im Gesicht und legte Fältchen rund um die Augen. Er schloß den Eingang zur Scheune, in der er das verletzte Pferd an der Heuraufe festgebunden hatte, mit einer Kette und fragte über die linke Schulter: „Sind Sie hier in den Ferien? “ Ich schüttelte den Kopf: „Nein, suche Arbeit, um die Reisekasse aufzufüllen!“

„Tiens, tiens! Warten Sie! Ich muß auch ins Dorf! Gehen wir zusammen!“
„Gerne!“
Ich wartete vor dem Gehöft. Endlich schloß er die Eingangstüre zum Wohntrakt hinter sich ab, steckte den Schlüssel hinter einen leeren Blumentopf auf dem Fenstersims, warf die schwarze Manchesterjacke, am Zeigefinger aufgehakt, über die rechte Schulter und wir schritten der Straße zu. Unterwegs zeigte er sich kaum gesprächiger als während des Behandelns der Pferdewunde. Er schien über etwas nachzudenken und gab mir so Gelegenheit, ihn insgeheim zu mustern. Er mochte vierzig Jahre alt sein, obgleich er wesentlich jünger aussah, war mittelgroß, breitschulterig und nervig gebaut, zog kaum merklich das rechte Bein nach und besaß wahre Pranken von Händen, Muskelpranken, nicht Wurstfinger. Sein Gesicht und seine Arme waren dunkelkupfern verbrannt, seine Augen lagen tief unter buschigen Brauen. Von ihm gingen Pferdegeruch und eine Sicherheit und Ruhe aus, die mich irgendwie benebelten. Unvermittelt atmete er ein, als setzte er zu einer längeren Rede an, kaute dann kurz an der Unterlippe, um schließlich doch noch zu sagen: „Deux choses! Erstens entschuldigen Sie das Theater vorhin mit der Kuh! Mache das nicht gern! War aber nötig! Unsere Rinder greifen Gardians nur selten an. Haben sie aber einmal spitzgekriegt, wie man Reitern Respekt einflößt, so wird die Arbeit mit ihnen gefährlich. Deshalb darf man ihnen keine üble Laune nachsehen. Der Arzt sagt, Escambarla habe wahrscheinlich den Schenkel gebrochen und wohl eine Gehirnerschütterung.“
„Und zweitens? “
„Zweitens kann ich dir vielleicht Arbeit verschaffen!“
Ich horchte auf. Der Gardian fuhr fort, indem er ironisch grinste: „Ich führe an den Wochenenden Ausritte für die Besitzerin einer Pferdemietstation im Dorf. Jetzt ist so viel zu tun, daß ich längst jemanden brauchte, der helfen kann. Nur, die Patronin ist nicht einfach zu behandeln. Wie gut kannst du reiten? “
Ich hob die Achseln. Ich wußte tatsächlich nicht, „wie gut ich reiten konnte“! So antwortete ich: „Ein paar Springturniere, ein paar Dressurprüfungen.“
„Très bien! Ich heiße Jan!“
Ich folgte Jan vor ein breites blaugestrichenes Tor ins Dorf. Hier packte er mich am Arm, öffnete das Tor und schob mich in einen Hof, in dem ein halbes Dutzend Pferde angebunden standen. Ein Fräulein in meinem Alter – somit eher ein Mädchen – rief von der Schwelle, die wohl zum

Stall gehörte, herab: „Da sind Sie endlich, Jan! Zwanzig Minuten Verspätung!“ Der Gardian trat grinsend neben sie, schüttelte ihr die Hand, redete auf sie ein. Dann verschwanden sie zusammen im Stall und kamen zehn Minuten später mit zwei fertiggesattelten und aufgezäumten Hengsten in den Hof zurück. Jan drückte mir die Zügel des größeren Grauen in die Hand: „Der da ist für dich! Verpasse dir die Bügel!“
Ich hörte ihm nur mit halbem Ohr zu. Mein Blick hing an den Monstren von Sätteln auf den beiden Pferderücken; vorn und hinten zwei Handbreiten hochgezwieselte Ungetüme mit Packsättelchen und Schweifriemen und schweren, schmiedeeisernen Korbbügeln. Und was für Zaumzeug die Hengste trugen! Gebrochene Kandaren mit zwanzig Zentimeter langen Hebelarmen. Dafür waren die Nasenriemen durch fahrradkettenähnliche eiserne Gliederbrücken ersetzt, an denen je ein zusätzliches Zügelpaar angebracht war. Nein, sollte ich – wie mir schien – auf die Probe gestellt werden, so wollte ich mir wenigstens einen vertrauten Sattel und normales Zaumzeug ausbedingen. Jan trat mit einem gesattelten hohen Dunkelfuchs aus dem Stall und grinste mir aufmunternd zu. Ich sagte ihm: „Nicht mit diesem Sattel!“
„Et pourquoi pas? “
„Hab’ noch nie auf einem solchen Monstrum gesessen und –“
„Mit einem englischen Sattel bleibst du keine fünf Minuten auf ihm oben!“
„Möchte trotzdem einen Flachsattel, bitte, wenn Sie einen haben!“
Der Gardian band den Dunkelfuchs an der Krippe an und hinkte unwirsch in den Stall zurück. Ich löste dem grauen Hengst die Gurte. Endlich stand er „zivilisiert“ gesattelt da. Jan band kopfschüttelnd den Dunkelfuchs los, trat an meinen Grauen heran, ein Seil in den Händen, dessen eines Ende er nun durch den mittleren Ring des fahrradkettenähnlichen Kappzaumes führte und verknotete. Darauf tauschte er die Kandare gegen eine Wassertrense aus, die er über den eisernen Kappzaum schnallte. „Voilà!“, sagte er, „ich führe den Jungen bis auf die Steppe, dann kannst du dich allein mit ihm auseinandersetzen!“ Er schwang sich in den Sattel des Dunkelfuchses und führte den kleinen Grauen aus dem Hof, während ich das Tor hinter ihm und dem Mädchen schloß. Auf einer kleinen Wiese am Nordende des Stalles packte er das Führseil knapp über dem Ring des Kappzaumes, ließ seinen Fuchs mit der Hinterhand beiseitetreten und gebot: „Los! Aufsitzen!“ Ich stieg behutsam auf. Er erklärte kurz, wie ich die Kappzaumzügel anzupacken hätte, dann trotteten wir in kurzem Trab durch das Dorf, über die Landstraße, an der ehema-

ligen Bahnstation vorbei, auf die Steppe beim Etang des Impériaux. Hier hielt der Gardian den Grauen an, machte das Seil von dessen Kopfzeug los, rollte es auf und schnallte es an seinem Sattel fest. Als hätte er nur hierauf gewartet, begann der Hengst sogleich zu bocken; erst schön geradeaus, dann drehte er sich dabei, wechselte schließlich sogar unvorhersehbar die Richtung. Ich verlor die Bügel. Sie schlugen mir um die Füße. Mit Seitenblicken suchte ich nach einem günstigen Ort, um „abzusteigen", doch Jan brüllte: „Assiette! Vorwärts jetzt, vorwärts! Zügel nachgeben! Sitzenbleiben, assiette! Vorwärts! Vorwärts!" und unvermittelt flogen Jans Dunkelfuchs und der Graue Seite an Seite im Galopp über die Steppe, und ich fand die Bügel wieder.

Mitten auf der Steppe, als wir uns eben anschickten, den Salzsee zu durchqueren, hob mein Grauer erneut zu bocken an – vielleicht noch ausgeklügelter, noch heftiger als vorhin. Jan rief: „Bleib oben, Alter, sonst ist der Junge für lange Zeit versaut!" und ich blieb oben.

Jan schlug einen weiten Bogen über die Steppe jenseits des Salzseeausläufers, überquerte den Meerdamm und die Dünenkette dahinter, erreichte den Strand und das Ufer des Meeres. Das Mädchen, das sich auf seinem Schimmel stets hundert Meter vor mir tummelte, galoppierte. Jan feuerte mich erneut an, und als der Hengst den Spaß am Bocken verlor, sagte er: „Das war schon besser! Verlaß' dich weniger auf dein Gehirn und dafür etwas mehr auf dein Gesäß! Im übrigen komm' heute abend, eine Stunde vor der Abfahrt des letzten Autobusses zu mir in die Station und sage kein Wort mehr, als daß du mich sprechen willst!"

Pünktlich um halb sieben Uhr polterte ich an das blaue Hoftor der Station. Eine vollschlanke Frau um die vierzig, wohl einst eine Schönheit gewesen, öffnete das Tor und überschwemmte mich mit einem Wortschwall, der mir verbat, auch nur guten Abend zu wünschen: „Sie sind also der Student, dem hier im Dorf die Hotelpreise zu gesalzen sind und der deswegen mit dem nächsten Bus in den Norden zurückfahren will! Sehen Sie, Jan hat mir von Ihren reiterlichen Qualitäten wahre Wunder erzählt! Wir könnten jemanden, wie Sie, hier gebrauchen! Na, schlagen Sie schon ein!" Sie reichte mir beide Hände und zog sie gleich wieder zurück. „Ich zeige Ihnen die Kammer, in der Sie schlafen können. Essen werden Sie an unserem Tisch!" Sie schritt mir nervös stackig voraus über die Straße, trat in einen Garten, dann durch die Hintertüre in ein Haus, in dem noch die Maler arbeiteten, und ließ ihren Wortestrom zu neuen Höhen anschwellen: „An Lohn kann ich Ihnen nur ihre Trinkgelder überlassen! Das haut schon hin, Sie werden sehen!" – Jan begegnete ich an

diesem Abend erst beim Essen. Er grinste mir hin und wieder heimlich zu und forderte mich im übrigen auf, tüchtig zuzugreifen.
Während der folgenden Tage, wann immer Jan sich für ein paar Stunden von der Arbeit mit den Stieren „de l'Amarée" befreien konnte, sattelten wir zwei Pferde und ritten hinaus, in die nähere und weitere Umgebung des Dorfes, wo er mir die Passagen durch schwierige oder gefährliche Terrains, Roubinen und Salzseen zeigte. Zweimal nahm er mich auf Tagesritte mit. Dann ließ er mich stets vorausreiten, und ich lernte, mich an fernen Tamariskengruppen, den Dünen am Strand und dem Turm der Kirchenfestung im Dorf zu orientieren. Zwei- oder dreimal ließ er mich absichtsvoll auf Schlingböden geraten, half meinem Pferd und mir aus der mißlichen Lage, lehrte mich so, faule Böden von tragenden, Fließ- und Flugsandlöcher von der Umgebung zu unterscheiden. Daraufhin sah ich ihn oft nur noch beim Essen abends und an den Wochenenden, wenn wir Reitkunden aus Marseille, Avignon, Arles, Nîmes und Montpellier erwarteten.
Da die versprochenen Trinkgelder nicht eben regelmäßig und selbst an Wochenenden nur in äußerst bescheidenem Maße flossen, erprobte ich meine neugewonnenen Terrainkenntnisse während der Woche, indem ich mich gegen Bezahlung an Ornithologen verdingte, die ich zu Fuß, im Auto oder zu Pferd an die mir auf Karten bezeichneten Stellen auf der Steppe oder fernen Vogelschreien nach führte. Schließlich kannte ich die Namen der meisten Camargue-Vögel; doch leider nur auf englisch.
Während der amtlichen Sommerferien saßen Jan und ich täglich von sieben Uhr früh bis abends um acht Uhr im Sattel und hatten, um die Mittagszeit, gerade nur eineinhalb Stunden Rast. Jan ritt nun ganztägig für die Leihstation. Aber selbst zu zweit hatten wir Mühe, sämtliche Reitkunden zu befriedigen, wollten die einen doch zwei Stunden ausreiten, die anderen den ganzen Tag, dritte nur einmal rund um den Etang des Launes, um den Salzsee im Westen des Dorfes, jagen.
Eines Abends vertraute mir die Patronin an, dank meiner Hilfe blühe das Geschäft, wie nie zuvor. Ich erinnerte sie sogleich daran, sie könnte mich deshalb durchaus zu bezahlen beginnen. Sie hatte meine Anregung wohl vorausgesehen und antwortete grinsend: „Leider nein, mein Freund, du bist Ausländer und ohne Arbeitsbewilligung; ich dürfte dir eigentlich nicht einmal Kost und Logis gewähren!" Als ich später Jan davon erzählte, blickte er betreten zur Seite und bat: „Ne t'en fais pas! Wir werden bald schon einen Ausweg finden!"
Im Herbst begann Jan, mich immer häufiger zur Arbeit in den Stier-

herden mitzunehmen. Nach und nach brachte er mir die Grundlagen seines eigentlichen Berufes bei, obgleich ich mich anfänglich schrecklich linkisch dabei anstellte. Immer wieder staunte ich über die Gabe der Gardians, die Reaktionen eines verfolgten Stieres nahezu dezimetergenau vorauszusehen. Ich versuchte, es ihnen nachzumachen, indem ich Bahnen, Kurven und Haken berechnete, mir Strategien zurechtlegte und zu Pferd Galopp–Pirouetten übte. Wandte ich dann auf der Steppe das Ergebnis meiner Tüfteleien an, so brachen der Manadier oder der Bailegardian regelmäßig in Wutanfälle aus, und Jan sagte: „Statt zu berechnen, versuche zu verstehen; statt Prognosen auszuarbeiten, versuche dich einzufühlen. Der beste Gardian ist der, der nie überlegt!“ Ich begann, mir bei der Arbeit mit den Stieren jegliches Denken zu verbieten, und als diese Exerzitien Erfolg hatten, behauptete Jan, bald schon könne ich Geld dadurch verdienen, daß ich mich tageweise als Gardian bei Herdenbesitzern verdingte. War das der Ausweg, von dem er gesprochen hatte?
Nach den ersten Regenfällen des Spätherbstes und den ersten Südstürmen war in den Stierherden nicht mehr viel zu tun. Zwei Wochen lang saßen wir von früh bis spät auf der Stallschwelle in der Sonne, schnallten die Sättel, Martingals und Kopfzeuge auseinander, reinigten sie mit Sattelseife, fetteten sie ein, setzten sie wieder zusammen, nähten, flochten, erneuerten Lederzeug, bastelten Fußfesseln, stopften Schweifriemen mit Leinsamen neu aus, wuschen Planen, Decken und Schabracken, und ich lernte unentwegt. Jan sagte selten „tu dies oder das“. Er bat mich höchstens, ihm bei diesem oder jenem zu helfen, in der Regel bei Arbeiten, die er dann allein verrichtete. Doch stellte er, nur Tage später fest, „Sauvageons Caveçonschnalle muß noch erneuert werden“, und griff ich daraufhin zur Nadel, zum Faden, zur Ahle, so entdeckte ich staunend, daß ich damit umzugehen verstand, noch ungeschickt zwar, doch das Zusehen bisher war nicht umsonst gewesen.
In diesen Tagen auf der Stallschwelle unterhielten wir uns in einsilbigem Provenzalisch, das ich dadurch ebenfalls erst lernte, oder schwiegen stundenlang, ohne daß die Stille lastete. Nach und nach erfuhr ich so Bruchstücke aus Jans Leben, die ihn zwar nicht leichter durchschaubar machten – wohl weil es in ihm keine Hintergründe gab –, die jedoch seine Ruhe und seinen mich stets von neuem frappierenden „Pferdeverstand“ teilweise erhellten.
Jan stammte aus einem Dorf in der Nähe von Avignon. Sein Vater war mit zwei Gäulen und einem Vierräderkarren über die Straßen der Provence gezogen und hatte als „Charretier“, Fuhrmann, Wein aus Château-

Neuf-du-Pape nach Apt geliefert, Melonen aus der Calavon-Ebene nach Avignon und Nîmes, Heu aus der Crau in die Camargue, Oliven aus Nyons nach Marseille. Er war jedenfalls nur selten zu Hause gewesen und hatte in seinem Söhnchen beinahe mythische Eindrücke hinterlassen. Sobald Jan gehen gelernt hatte, folgte er seinem Großonkel, einem Schäfer, hinter der Herde her weit über die Umgebung des Dorfes hinaus. Später saß er in der Schule neben der Tochter des Schloßbesitzers, die von den Reitpferden ihres Vaters schwärmte. Sie wurden Freunde. Der Schloßbesitzer, ein ehemaliger Kavallerieoffizier, erteilte dem Mädchen und ihm zwei Jahre lang regelmäßig Reitunterricht. Dann starb Jans Vater, und der Junge verdingte sich bei einem Bauern im Nachbardorf, um die Mutter und die jüngere Schwester zu unterstützen. Drei Jahre später bewarb er sich als Lohnschäfer um eine Herde. Vom vierzehnten Altersjahr an zog er jeden Frühling hinter der Herde her aus der Crau in die Alpen und im Herbst in die Ebene zurück. Sein nächster Patron, ein Pferde- und Schafzüchter in der Camargue, machte ihn zum Oberhirten und vertraute ihm zusätzlich zu den Schafen die Stuten an, die in den Bergen übersommern sollten. Von nun an ritt er hinter seinen Tieren her.

Kurz nach seinem zwanzigsten Geburtstag wurde er zum Militärdienst eingezogen. Von den Alpenjägern, denen er seines Schäferberufes wegen zugeteilt worden war, ließ er sich mittels einer List zu einem berittenen Regiment versetzen. Endlich entlassen, kehrte er in die Provence zurück. Sein ehemaliger Patron nahm ihn wieder bei sich auf; noch zweimal ritt er in die Alpen und zurück; das letzte Mal während der Mobilmachung: der zweite Weltkrieg war ausgebrochen.

Nach dem Zusammenbruch der französischen Fronten hütete er Schafe an der italienischen Grenze und diente der Partisanenbewegung als Aufklärer und Bote. Für die Partisanen begann er auch, Reis aus Italien nach Frankreich zu schmuggeln. Bei Kriegsende wurde der Reisschmuggel zum großen Geschäft. Jan stieg aus. „Ich konnte den fetten Boß nicht leiden, der uns selbst die Passagen vorschrieb, die wir mit unseren Eseln begehen sollten.“ Ihm war das Schmuggeln „ein nützlicher Sport“, bei dem es die Zöllner, durchwegs Kumpel, zu überlisten, immer wieder neue Grenzübergänge zu entdecken und im übrigen viel Spaß zu haben galt.

Deshalb verlegte er sich in der Folge auf den Schmuggel von Ziehharmonikas. „Ziehharmonikas?“ fragte ich erstaunt. Er lachte nickend: „Ja! Quietschkommoden! Frankreich hatte damals andere Sorgen, als die, Ziehharmonikas zu bauen. Die Italiener lieferten hingegen jede gewünschte Menge. Wir brauchten sie bloß auf der italienischen Seite abzuholen und herüberzuschaffen! Dann drehten uns die Italiener plötzlich Instrumente an, die, obgleich äußerlich vollständig, keinen Ton von sich gaben. Das führte dazu, daß wir jedes Akkordeon erst lange ausprobieren mußten, bevor wir unsere Esel damit beluden. Du hättest die Feste miterleben müssen, die wir damals auf den Alpwiesen feierten. Die Italiener brachten die Instrumente, Wein und Mädchen mit, wir Franzosen spielten auf jeder Quietschkommode ein Stückchen oder zwei, ein Feuer brannte, wir aßen uns an Salamis satt, tranken Wein und tanzten. Oft setzten sich die Zöllner mit zu uns. Sie glaubten, mein Kollege und ich seien zum Vergnügen hier oder allenfalls, um uns sattzuessen. Dann dauerte das Fest bis in den Morgen. Solange die Zollbeamten mit am Feuer saßen, konnten wir die Instrumente ja nicht auswechseln. Verschwanden sie endlich, so zogen wir schleunigst unsere Esel aus dem Wald, schnallten ihnen die Ziehharmonikas auf – drei Stück auf ein Tier – und trieben sie über die Grenze zurück."

Jan zog es dennoch heim, in die Provence. In der Camargue fand er eine neue Stelle als Schäfer. Ein Nachbar seines Patrons war der Manadier Thibaud, den Jan von früheren Aufenthalten auf der Insel her kannte. Der Stierherdenbesitzer lieh sich ihn regelmäßig zum Zureiten seiner Jungpferde aus. Bald schon arbeitet Jan häufiger bei dem Manadier als bei seinem Patron. Er lernte mit Kampfstieren umzugehen, einzelne auszusondern, Jungstiere umzuwerfen und zu markieren und ritt vor allem weiter Junghengste zu. Zwei Jahre später versuchte der Manadier ihn als Gardian zu sich zu verpflichten. Noch schlug Jan aus. Dann begegnete er eines Tages Escambarla, dem Baile-Gardian aus Saintes Maries de la Mer. Sie wurden Freunde. Als dieser ihm, ein Jahr später, anbot, zu seinem Patron überzusiedeln und bei ihm zu reiten, akzeptierte er endlich, warf seinen Schäfermantel, nur Tage später, als Decke über seine neue Pritsche und schnallte Sporen an die Stiefel.

Kaum vier Jahre hierauf fanden immer häufiger Ornithologen aus aller Herren Länder ins Delta. Eine Belgierin eröffnete eine Pferdemietstation im Dorf. Escambarla verkaufte ihr drei Pferde, obwohl sie von Pferden nicht eben viel verstand. Als sie ihn kurze Zeit darauf um den Rat und die Hilfe eines Gardians bat, empfahl er ihr Jan und erschloß diesem so zusätzliche Einkünfte. „Vielleicht spielte Escambarla auch bereits mit dem Gedanken, sich als Manadier selbständig zu machen, und wußte, daß er mich nicht lange würde regelmäßig bezahlen können!" Jan ritt jedenfalls weiter für Escambarla und führte an Wochenenden und auf Vorbestellung Reitkunden durch die Camargue. Meistens versuchte er, beiden

Verpflichtungen zugleich nachzukommen, indem er die Reitkunden auf Kontrollritte in die Stierherde oder auf die Stutenweide mitnahm, sie zu Pferd an Ferraden, am Markieren der Jungstiere, teilhaben ließ und sie selbst zu Auftrieben heranzog. Die Pferde der Station waren so während der kurzen Saison ständig ausgelastet, obwohl mittlerweile noch andere Dörfler mit ins Leihgeschäft eingestiegen waren.

Letztlich war es wohl vor allem Jans Persönlichkeit, welche die Kunden anzog und zu Stammkunden machte. Wer einmal mit ihm ausgeritten war, wollte nur noch von ihm durch das Delta geführt werden. Die Damen unterbreiteten ihm ihre geheimsten Probleme, und er fand stets eine oder mehrere Lösungen, die durch ihre Unkompliziertheit, Friedfertigkeit und durch ihre heitere Weisheit bestachen. Für viele Stammkunden waren die Ausritte schließlich nur noch Vorwände für Aussprachen. Auch im Dorf besaß Jan das Vertrauen aller und wurde regelmäßig um Rat und Hilfe gebeten. Und in der Stehbar rissen sie sich um den Vorzug, ihm einen Pastis spendieren zu dürfen, das heißt um den Vorwand, um drei Minuten mit ihm ganz allein reden zu können. Er ließ sie als Dank, wenn immer möglich, an den Streichen teilnehmen, die er einer gewissen Sorte Reitkunden zu spielen pflegte.

Einmal führte er so einen Vertreter aus Paris auf einen ersten Ausritt. Der noch junge Mann, der sich in der Bar lauthals mit seinen Reitkünsten gebrüstet hatte, war der Versuchung erlegen, sich für eine große Summe, als „Gardian“ zu verkleiden; mit Gardianhosen, einem Gardiangilet, einem amerikanischen bunten Hemd, mexikanischen Stiefeln, einem breiten Ledergürtel, der durch keine Schlaufe paßte, mit einem bunten Halstuch, einem breitrandigen weißen Hut und mit mächtigen spanischen Sporen. Sowie sie aus dem Hof ritten, trabte der Kunde Jan davon, wollte offenbar im Dorf allein gesehen werden. Jan ließ ihn gewähren und holte ihn erst weit draußen auf der Steppe gemächlich trabend ein. Der Kunde hatte sein Pferd angehalten, sich im Sattel umgewandt und blickte Jan wie gebannt entgegen. Plötzlich winkte er ihn zu sich und flüsterte, als Jan dicht neben ihm durchparierte: „Ich bezahle Ihnen das Doppelte für den Ritt, wenn sie mir verraten, welchen Trick Sie anwenden, um selbst im Trab, wie festgeschraubt, im Sattel zu kleben!“ Jan blickte sich seinerseits nach allen Seiten um, beugte sich zu seinem Schutzbefohlenen hinüber, flüsterte unter vorgehaltener Hand: „Schwören Sie, niemandem sonst unser Geheimnis zu lüften! Um unser Prestige als Gardians wäre es andernfalls geschehen!“

„Sie können sich auf mich verlassen!“

„Gut! Ecoutez! Wir beschmieren unsere Sättel vor dem Aufsitzen mit einigen Tropfen Reiterleim, sitzen gleich auf, und sämtliche Probleme sind gelöst! Nur beim Absteigen muß man sich vorsichtig aus dem Sattel lösen, da man sonst seinen Hosenboden ruiniert!"
„Prima! Vielen Dank! Nur, wo gibt es diesen Reiterleim zu kaufen?"
„Oooh, beinahe überall im Dorf! Gehen Sie in die Drogerie neben der Kirche, richten Sie einen Gruß von mir aus, sonst streitet der Drogist womöglich vorsichtshalber ab, den Leim zu führen!"
Der Kunde stolzierte noch am Vormittag in breitem, wiegendem, sporenklingelndem Westerngang zur Drogerie, wartete, bis der letzte Käufer den Laden verlassen hatte, flüsterte dem Krämer endlich seine Bitte augenzwinkernd ins Ohr. Der Drogist besann sich kurz, faßte sich und antwortete ebenso diskret leise: „Ah! Sie kennen das Geheimnis der Gardians! Tja, meine letzte Tube habe ich heute früh dem Stierhirten Aubanels verkauft! Aber fragen Sie doch in der Apotheke nach!" In der Apotheke erwartete man die nächste Sendung „spätestens in zwei Tagen". Der Dorfbäcker, der angeblich stets ein paar Tuben Reiterleim für seinen Sohn auf Vorrat kaufte, hatte die letzten drei einem Zureiter überlassen, „den Sie, wenn Sie sich beeilen, in der Bar noch antreffen! Ich mache den Laden hier dicht und begleite Sie; Francis braucht bestimmt nicht drei Tuben auf einmal und wird Ihnen wohl eine davon überlassen!" In der Stehbar bei Boisset, wo zehn Fischer und ein halbes Dutzend Gardians beim Aperitif standen, rief der Bäcker noch unter der Türe: „Hé Francis! Jan schickt uns diesen Herrn. Er sucht Reiterleim! Ich habe dir vorhin meine letzten Tuben überlassen; verkaufe ihm doch eine davon!" Die Männer, unter ihnen Jan und ich, drehten sich um, schwiegen eine Sekunde lang, lachten dann los, wieherten, schrien vor Lachen. Schließlich schlugen so ziemlich alle dem Kunden auf die Schultern und luden ihn zum Pastis ein, zum ersten, zweiten, fünften, zehnten ...
Ein anderes Mal, es war an einem Abend im September, kam ich eben vom letzten Ausritt zurück und begann, die Mietpferde abzusatteln, als eine krebsrot verbrannte Dame mit rauchtiefer Stimme und spitzer Aussprache um noch einen Ritt bat: „Wissen Sie, ich will mir nicht mit Touristen zusammen die Camargue ansehen – die kenne ich eh, wie meine Hosentasche – vous comprenez, ich bin gekommen, um Ihr bestes Pferd dressurmäßig durchzuarbeiten! Die Gäule hier laufen ja alle mit steifem Genick und Rücken durch die Gegend. Eine solche Arbeit lohnt sich aber, wie gesagt, nur an Ihrem besten Pferd, an einem Junghengst,

der durch Ihre Reitmethode noch nicht völlig verdorben ist!"
Ich blickte zu Jan hinüber, der aus dem Stall getreten war und der Dame aufmerksam zugehört hatte. Nun stiegen ihm Funken in die Augen, und eine Sekunde lang zuckte es zwischen Zorn und Gelächter um seinen Mund. Obwohl es bereits nach acht Uhr war, antwortete er schließlich nickend: „Attendez!" Er trat in den Stall, holte den leichten englischen Sportsattel und die Wassertrense, sattelte und zäumte Sauvageon auf, einen hübschen Eisenschimmel mit langer Mähne. Sauvageon, mein Liebling unter den Junghengsten, war, wie alle Gardianpferde, selbst auf bloße Kandare gezäumt nicht eben leicht zu halten. Ein Trensengebiß mußte ihm geradezu als Aufforderung erscheinen, sich gründlich auszutoben.
Endlich schob Jan Malaga, einem älteren ruhigen Hengst, den Zaum ins Maul und sprang auf seinen blanken Rücken. Ich öffnete das Tor. Sie trabten auf die Straße hinaus. Die Dame rief, zu Jan umgewandt: „Das ist genau das Pferd, das ich mir gewünscht habe, temperamentvoll, dabei ..." Die letzten Worte zerriß der Wind. Sauvageon war zum Ufer des Süßwasserkanals eingeschwenkt und davongeprescht. Ich sagte eilig dem Sohn unseres Nachbarn Bescheid und rannte Jan und der Dressurreiterin nach. Jan galoppierte ruhig dem Kanal entlang. Die Reiterin flog unterdessen gut dreihundert Meter vor ihm über den Weg zum Strand. Dieser Weg, wußte ich, schlug in der Mitte zwischen den letzten Tamarisken und dem „Pont du Mort" einen engen Bogen um eine feuchte Senkung, aus der Schilf und Spitzgras wuchsen. Wollte man diesen Bogen im Galopp umreiten, so mußte man sein Pferd gehörig an den Hilfen haben und überdies den Bogen kennen.
Ich ahnte, nicht ohne Schadenfreude, Schlimmes. Jan dachte wohl ebenfalls an die Senkung, denn er trieb Malaga nun an. Während einer Sekunde verlor ich die Dame aus den Augen, so lange, wie Sauvageon sich im Bogen hinter den Schilfbüscheln befand. Dann tauchte er wieder auf. Sein Sattel war leer. Er machte noch ein halbes Dutzend Sprünge, blieb kurz stehen, warf sich herum, preschte zu Malaga zurück. Jan griff sich seine Zügel, wendete ihn und erreichte die Senkung. Als ich dort ankam, hatte er der Kundin eben aus dem übelriechenden Tümpel geholfen und hielt ihr Bügel und Zügel zum Aufsteigen. Sie fluchte unterdessen alles andere als damenhaft und knurrte, während sie die Zügel aufnahm: „Dem Teufel werde ich's zeigen! Der sprang in der Kurve nicht einmal um, hat von fliegenden Galoppwechseln wohl keine Ahnung. Sie beide natürlich auch nicht! Eine Schande ist es, Pferde mit so viel Blut Leuten anzuvertrauen, die sich im Sattel gerade nur halten!"

„Sie haben Recht! Wir halten uns im Sattel!“ kam es böse von Jans Lippen. Die Dressurreiterin überhörte die Worte, trabte an. Jan schwang sich schweigend auf den Rücken Malagas und galoppierte hinter der Kundin her. Sie hatte bereits wieder vierzig Meter Vorsprung gewonnen. Als Sauvageon Malagas Hufgetrappel hörte, galoppierte auch er an. Nur mit Mühe saß die Dame die scharfe Linkskurve aus, die der Weg zum Strand hin schlug. Dann war sie meinen Blicken erneut entkommen, obwohl ich lief, was meine Beine hergaben. Nach der Linkskurve kreuzte der Weg die Landstraße und schlängelte sich zwischen wenig hohen Dünen zum breiten Sandstrand weiter.

Als ich hier eintraf, begannen die Dörfler eben, sich auf Fahrrädern, Mopeds und in Autos einzufinden. Offenbar hatte sie der Sohn unseres Nachbarn alarmiert. Jan stand neben Malaga ruhig mitten auf dem Strand und blickte nach Westen, der Reiterin nach, die in etwa fünfhundert Metern Entfernung dabei war, Sauvageon im Schritt zu wenden. Da wieherte Malaga, und Sauvageon nahm es als Aufforderung heranzuflitzen. Die Dame begnügte sich, ihn auf dem vom Wellenschlag gehärteten, glatten Sandsaum zu halten. Es gelang ihr, bis Sauvageon in unsere Nähe kam. Unvermittelt warf er sich herum. Die Reiterin verlor dabei den linken Bügel. Sauvageon jagte weiter, geradenwegs auf uns zu. Doch zwischen ihm und uns lag ein mächtiger angeschwemmter Baumstamm. Er schien ihn springend überwinden zu wollen. Jedenfalls glaubte das auch seine Reiterin. Im letzten Augenblick brach er jedoch nach links aus und die Reiterin flog – allein – geradeaus weiter und polterte unsanft hinter dem Stamm auf den Sand.

Als ich den Eisenschimmel bei den Zügeln erwischt hatte und mit ihm neben ihr anlangte, hatte Jan ihr erneut auf die Füße geholfen. Sie beklagte sich bitter: „Hab' ich mir weh getan! So ein Biest! Ich sagte es ja, der Hengst müßte longiert werden, und Prügel braucht er! Wie wollen Sie eine Kurve im Kontergalopp aussitzen! Jedes auch nur angerittene Pferd wäre an seiner Stelle umgesprungen ... au! So stützen Sie mich doch!“

Ich stützte sie. Jan drückte mir die Zügel Malagas in die Hand, schwang sich in den Sattel Sauvageons, drehte den Hengst, trabt ihn an, brachte ihn auf einen Zirkel rund um uns, galoppierte ihn schließlich an. Ruhig kanterte er dahin, wechselte aus dem Zirkel auf einen anderen, ließ Sauvageon dabei auf die andere Hand umspringen und begann, ihn zu versammeln. Nun schnitt er den zweiten Zirkel durch eine Gerade, knapp

Jan auf der Suche nach ausgebrochenen Fohlen (1971)

an uns vorüber, und ließ den Hengst dabei drei Sprünge Linksgalopp gehen, drei Sprünge Rechtsgalopp, zwei Sprünge Linksgalopp, zwei Sprünge Rechtsgalopp und ließ ihn endlich mit jedem Sprung changieren. Jan und ich hatten ihm dies während des letzten Winters beigebracht. Erstaunlich war dennoch, daß er die Lektionen in der Zwischenzeit nicht vergessen hatte. Daraufhin parierte ihn Jan durch. Anstandslos beugte Sauvageon die Hanken und stand wie ein Denkmal, und von den Dünen an der Straße herab tobte der Applaus der Dörfler. Die Dressurreiterin stampfte zornig mit dem rechten Fuß auf, obwohl sie rechts zu hinken vorgegeben hatte. Beim Apéritif später, in der Bar, wurden Jan und ich und der Sohn des Nachbars wieder einmal ausgehalten.
Während der Festtage um Weihnachten und Neujahr führten wir erneut Reiter über die nun überschwemmt liegende Steppe und den schmalen Sanddamm, der das Ufer des Meeres vom dahinter sich breitenden ebenfalls überschwemmten Strand trennte. Der Mistral tobte spitzig kalt aus dem Norden, türmte gefrorene Gischtspritzer zu barocken Diamantskulpturen auf, in denen die Sonne spielte. Jan und ich nahmen uns hin und wieder eine Stunde oder zwei und ritten schweigend die gläserne Traumwelt ab.
Im Januar und Februar besserten wir die Zäune der Stutenweiden aus. Jeden Morgen bei Sonnenaufgang ritten wir zum jenseitigen Ufer des Etang des Launes, zogen das Werkzeug aus dem Versteck, schlugen Knüppel als Zaunpfähle aus dem Tamariskengebüsch, spitzten sie zu, trieben sie in die gefrorene Erde. Dann spannten wir tagelang neue Drähte, zurrten sie fest, das Singen, Sirren und Pfeifen des Mistrals im Ohr, die gummibestiefelten Beine bis über die Knie im Wasser und im Morast der Tümpel und des Salzsees, Muskelzerren in den Armen und Händen, zu Eis erstarrte Tränen an den Nasen, und wir empfanden dennoch etwas wie Begeisterung. Während des Mittagessens im Windschatten einer Tamariskengruppe, wenn wir versuchten, uns an den spitzen Sonnenstrahlen aufzuwärmen, kam nur Unsinn über unsere Lippen, und wir lachten schallend und schwiegen viel, und die Stuten und Fohlen in ihrem zolldicken Winterkleid glotzten unbeweglich zu uns herüber. Zum Dessert lieferten wir uns Ringkämpfe und stapften anschließend aufgewärmt zu unseren Arbeitsstellen im Röhricht, auf der Steppe oder im Etang zurück.

Dur gewöhnte sich schnell an die neue Umgebung beim Mas di Mouissau

Im zeitigen Frühling setzte Jan bei der Patronin den Ankauf zweier Junghengste durch. Ich erinnere mich, als sei es gestern gewesen: Rückwärts fuhr der Kastenwagen halb durch das geöffnete Hoftor. Der Fahrer ließ die Laderampe herab, öffnete, bäuchlings auf dem Dach des Kastens liegend, die Doppeltür, und mit einem einzigen Satz stürzte der erste Junghengst aus dem Dunkel in den Hof, dreht drei, vier Runden in rasendem Galopp, wohl um irgendwo eine Bresche zur Flucht zu erspähen, und hielt endlich schnarchend an. Ich schloß eilig das blaue Tor hinter dem Kastenwagen. „Il est splendide!" flüsterte Jan, das Tier von der Stallschwelle aus musternd. Dann ging er, ein Stallhalfter in der Linken, langsam auf den Wildhengst zu und redete in leisem Singsang auf ihn ein. Der Schimmel ließ ihn nicht einmal in seine Nähe gelangen, stieg, keilte mit den Vorderhufen nach ihm aus, kam auf den Boden zurück, um loszupreschen, drehte erneut zwei oder drei Runden. Plötzlich stemmte er die Vorderhufe in den Boden, hielt an, trabte darauf mit steif abstehendem Schweif zur Tränke in der Hofecke, dann weiter, unter dem Vordach hindurch, unter dem gewöhnlich die Mietpferde angebunden standen, an der Stalltüre vorbei zum Sattelstand und zum Hoftor, wo er erneut abrupt anhielt. „Il es splendide," wiederholte Jan und stimmte erneut seinen Singsang an. Schritt für Schritt näherte er sich dem Brunnen, als ginge es nicht um den Hengst, und bog erst im letzten Augenblick zum Schimmel hinüber ab. Mich wies er dabei mit einer Handbewegung an, dem Tier den Weg zur Sattelbox zu verlegen. Doch der Wildhengst warf sich in diesem Augenblick herum und stob zwischen uns hindurch zur Stalltüre, vor der er sich erregt aufbaute. Noch einmal versuchte Jan, sich ihm mit dem Halfter zu nähern. Dann schlurfte er kopfschüttelnd durch die Südtür aus dem Hof, trat in seine Kammer, kam mit dem mexikanischen Lasso zurück.

Sorgfältig entrollte er den Lasso, rollte ihn in die Linke neu auf, öffnete die Schlinge, begann, sie um sein rechtes Handgelenk kreisen zu lassen und trat so in die Hofmitte zurück. Der Hengst stellte schnarchend die Ohren auf ihn ein und scharrte aufgeregt mit den Vorderhufen. Plötzlich schoß er davon, unter dem Vordach hindurch zur Tränke und weiter. Als er beim Hoftor anlangte, schwirrte die Schlinge durch die Luft. Neben dem Sattelstand stemmte er unvermittelt die Hufe in den Sand und warf sich auf die rechte Hand herum, worauf er auch schon wieder in voller Karriere davonstob. Die Lassoschlinge klatschte auf den Boden. Jan holte sie grinsend ein und lachte glucksend: „Der wird nicht zum ersten Mal mit dem Lasso eingefangen, quel animal!"

Der zweite Wurf gelang. Die Schlinge zog sich hart hinter den Ohren des Hengstes zusammen. Jan warf mir das Lassoende zu: „Los, schlinge es um den Pfosten des Vordaches!“ Dann holten wir den Hengst mit vereinten Kräften Zentimeter um Zentimeter heran. Dieser stieg indessen, bäumte sich gegen den würgenden Zug, überschlug sich, krachte in den Sand, stemmte sich wieder hoch, stand erneut auf den Hufen, und wir holten ihn weiter ein. Die Augen begannen ihm aus dem Schädel zu quellen, längst atmete er nur noch stoßweise schnarchend. Je näher er dem Pfosten kam, desto verzweifelter schlug er um sich. Endlich stand er nur noch einen Meter vor uns. Jan wollte ihm das Stallhalfter überstreifen. Doch er bäumte sich ein letztes Mal auf, überschlug sich, ging zu Boden, und Jan zurrte noch im gleichen Augenblick die Halfterschnalle hinter seinen Ganaschen fest. „Paß' auf jetzt! Löse den Lasso vorsichtig!“
Ich ließ einen halben Meter Seil vom Pfosten rinnen. Jan weitete die würgende Schlinge, satzte beiseite; keine Zehntelsekunde zu früh. Der Hengst stemmte sich vom Boden hoch, stand, zwar noch taumelnd und mit rotdurchäderten Augen, stand aber, bereit zu neuen Ausfällen. Wenigstens glaubte ich das.

Jan, der das Seil des Stallhalfters nicht aus den Händen gelassen hatte, führte den Hengst indessen unter das Vordach, als sei dieser nichts anderes gewöhnt. Erst im letzten Moment, als er ihn eben am Mauerring festgemacht hatte, stieg er noch einmal und stieß sich dabei am Träger des Vordaches. Ich löste unterdessen den Lasso vom Pfosten. Jan schnappte die Schlinge am Hals des Pferdes, und wir zogen das Seilende aus der Schlaufe. Rund eineinhalb Stunden waren seit der Abfahrt des Kastenwagens vergangen. Jan wischte mit dem Hemdärmel den Schweiß von der Stirne, klaubte die Zwiebeluhr aus der Hosentasche, schüttelte den Schädel und sagte: „Wir haben Glück gehabt, so schnell mit ihm fertig zu werden! Der gibt uns bestimmt noch einige Nüsse zu knacken auf!“

Zehn Tage lang stand Jans großer Dunkelfuchs neben dem Junghengst angebunden und wurde mit ihm zusammen zur Tränke geführt; dann kämpften wir vier Stunden lang verbissen mit ihm, um ihn erstmals zu satteln und zu zäumen. Endlich schwang ich mich auf den Dunkelfuchs, packte mit der behandschuhten Rechten das Führseil, das am Hals und am Caveçon (Kappzaum) des Jungen verknotet war, und ritt neben ihm aus dem Hof zum Strand. Robert trabte uns auf einem anderen Hengst voraus, Hubert trieb, von einem vierten Pferd herab, an.

Am Strand sattelte ich den Junghengst von meinem Dunkelfuchs aus nach. Dann trieben wir ihn im Schritt, Trab und Galopp zwischen uns über den Sand, beschrieben weite Bögen, Zirkel und Volten und hielten endlich neben Jan an, der uns zu Fuß gefolgt war. Vorsichtig halb hinter dem Dunkelfuchs verborgen, gurtete Jan den Sattel des Jungen nochmals nach. Dann ließ ich mein Pferd mit der Hinterhand zur Seite treten.

Jan machte sich an den Junghengst heran, packte die Zügel und ein Büschel Mähnenhaar – hopp – saß im Sattel, als der Hengst auch schon stieg, Jan „vorwärts" brüllte und ich dem Fuchs die Sporen zu fühlen gab. Das Seil zwischen dem Jungen und mir spannte sich augenblicklich und riß mich beinahe aus dem Sattel. Aber der Jungschimmel hatte begriffen, machte einen Sprung geradeaus und bockte los mit einem Zorn, einer Kraft und Ausdauer, die mich daran zweifeln ließen, es würde jemals ein Reiter mit ihm fertig werden. Doch Jan saß derweil spöttisch grinsend lässig auf seinem Rücken, nahm die Zügel hin und wieder auf, setzte auch einmal die Sporen an, saß, wie in den Sattel gegossen, redete dem Hengst leise zu, und je mächtiger und verzweifelter dieser bockte, desto ruhiger klangen seine Anweisungen: „Laß ihn gewähren! Achtung, das Führseil schleift am Boden! Nimm es auf, los, vorwärts nun, vorwärts! Voilà! Gib nach!" Wir flogen über den Strand. Kaum hatten wir zum Trab durchpariert, begann der Junge erneut zu bocken. Aber Jan saß noch immer unverrückbar im Sattel, schien die Richtung jedes Bocksprungs vorauszusehen, grinste glücklich vor sich hin, lobte endlich: „Brav so, bist ein anständiger Kerl, ehrlich bis ins Rückenmark, versuchst dich nicht einmal hinzuwerfen und zu wälzen! Ich nenne dich dennoch Reboussier!"

Und der Schimmel hieß und blieb „Reboussier" (der Widerspenstige), Jans Lieblingshengst, obwohl die Patronin tobte, weil sie ihn „Sturmwind", „König", „Wüstensohn" oder „Trinker der Weite" hatte nennen wollen.

„Den zweiten Junghengst", kündigte Jan auf dem Heimritt an, „wirst du erstmals reiten!" Mir war, nach dem eben Erlebten, nicht besonders wohl bei diesem Gedanken, wußte ich doch, daß ein Camarguepferd, von dem man bei der ersten Lektion abgeworfen wird, die Möglichkeit, sich des Reiters zu entledigen, kaum jemals wieder vergißt und zu einem sogenannten „Repris de Justice", zu einem Rückfälligen wird, der selbst erprobten Gardians gefährlich werden kann. Ich wurde denn auch mit jedem Tag, der nach der Ankunft des zweiten Junghengstes verstrich, kleinlauter, hatte nicht eigentlich Angst, sah mich der Verantwortung nur immer weniger gewachsen; denn der Junghengst, obwohl kleiner und

schmaler gebaut als Reboussier, hatte sich unseren Versuchen, ihm das Stallhalfter anzulegen, und den Gängen zur Tränke jeweils noch agiler, noch nervöser und noch härter widersetzt als dieser.
Als wir ihn schließlich nach einem Stunden währenden Kampf fertig gesattelt und aufgezäumt hatten, boxte mich Jan plötzlich an den Oberarm und flüsterte so, daß weder die Patronin noch Robert ihn hören konnten: „Escoute! Du hast mich neulich beim Anreiten Reboussiers ganz gut sekundiert! Aber man kann das mit viel Erfahrung noch weit besser machen. Ich verspreche dir, daß du auf dem Jungen nichts riskierst!" Damit schwang er sich auf den Dunkelfuchs, nahm das Führseil auf, ich öffnete das Tor und die Kavalkade trabte aus dem Hof. Plötzlich war mir leichter zumute. Ich lachte sogar über die klägliche Figur, die die Patronin im Sattel unseres zweiten Dunkelfuchses abgab.
Zu Fuß am Strand angekommen, rauchte ich eine Zigarette, bis Jan mit dem Jungen, Robert und der Patronin herangetrabt kam. Vorsichtig sattelte ich den Junghengst nach, packte die vier Zügel, schob die Stiefelspitze in den Steigbügel, schwang mich in den Sattel, nahm den rechten Bügel auf und Jan rief: „Escoute toun chivau!" („lausche in dein Pferd!") Sein letztes Wort erahnte ich nur. Ein Beben war durch den Hengst geschauert, und noch im selben Augenblick hatte der Tanz begonnen. Aus dem Stand hatte er sich katzbuckelnd in den Himmel abgeschossen und mich trotz all meiner Vorsätze überrumpelt. Während der Rückkehr auf die Erde versuchte er, mir die Zügel zu entreißen; ich kippte nach vorn über. Dann landeten wir auf den Vorderhufen, und der Junge keilte mit beiden Hinterhufen nach den Sternen, was, wie Robert später behauptete, an einen kunstvollen Handstand erinnerte. Im nächsten Augenblick riß Jan den Hengst mit sich fort. Nun bockte er mit wilden Sätzen geradeaus. Jan ließ die Longe keine Zehntelsekunde lang locker. Nach zehn oder zwölf Sätzen, während denen es mir gelang, mich erneut im Sattel zurechtzusetzen, fiel er aus dem Bocken in einen mißmutigen Galopp, und Jan ließ ihn gewähren. Allmählich zogen wir eine Schleife nach links, dann rief Jan: „Zügel! Achtung! Es geht nochmals los!" Der Junge bockte, als hätte er die Worte verstanden, gehorsam von neuem los, begann sich, während der Sprünge, zu drehen und zu wenden, was Jan ihm durch harte Griffe an der Longe auszutreiben versuchte. Unvermittelt brüllte der Gardian: „Sporen, Mann, Sporen!" Ich legte die Sporen nicht eben sanft an, und der Junghengst, der sich – wie ich eben erst merkte – in den Sand hatte werfen wollen, schoß erneut in den Himmel. Und wieder rasten wir im Galopp davon. Ich blickte zu Jan

hinüber. Er nickte mir aufmunternd zu, und ich legte die Sporen leicht an und parierte behutsam durch, und wir fielen in Trab, dann in den Schritt, und Jan blinzelte herüber und lachte: „Ça y est, du kannst dich als Zureiter sehen lassen!“

Drei Wochen lang ritten wir die beiden Junghengste täglich eine Stunde lang; erst einzeln, uns gegenseitig auf dem Dunkelfuchs assistierend, dann ohne Führseil, schließlich jeder im Sattel „seines“ Hengstes. Daraufhin kam Jan eines Samstags vom Markt in Arles zurück, hieb mir im Stall auf die Schulter, fragte: „Ist deine Kasse noch immer leer? “ Ich nickte: „Und wie!“

„Prima! In Arles habe ich zwei Manadiers gesprochen, die ein paar Jungpferde zuzureiten haben. Morgen nachmittag traben wir los. Am Montag nehmen wir den ersten Racker unter den Sattel!“

„Und wer kümmert sich um die Pferde hier? “

„Laß mich das in Ordnung bringen! Die Patronin wird zwar schäumen, aber du mußt endlich zu ein paar Scheinen kommen! Ich habe sie dir lange genug versprochen!“ Am Sonntagnachmittag, gleich nach dem Essen, ritten wir los, obgleich die Patronin uns nachschwor, sie werde sich in der Zwischenzeit nach einem anderen Gardian umsehen.

DUR

Das blaue Hoftor fiel hinter uns und unseren Pferden ins Schloß. Jan ritt den großen Dunkelfuchs, sein Dressurpferd, ich Camisard, einen kleinen, zähen Camargue-Wallach. Hinter den Gardiansätteln hatten wir unsere Schlafsäcke und das Ölzeug festgeschnallt, in den Packtaschen führten wir Kleidung zum Wechseln und allerlei Riemenzeug mit. Ein Nachbar hatte Jan versprochen, sich während unserer Abwesenheit um die Pferde der Station zu kümmern. In der Stierherde Escambarlas war augenblicklich nicht viel zu tun. So ritten wir unbeschwert aus dem Dorf nach Norden. Hin und wieder begegneten wir einem Touristentrupp zu Pferd, dann folgten wir dem Damm des Vaccarès, und das Dorf entschwand unseren Blicken.

Gegen Sonnenuntergang erreichten wir das Gehöft des ersten Herdenbesitzers, dem Jan seine Zureiterdienste angeboten hatte. Sogleich stellte sich heraus, daß der Manadier Jan allein erwartet hatte. Erst nach einem langen, auf provenzalisch heftig geführten Gespräch reichte mir der Herdenbesitzer die Hand: „Bonsoir! Du kannst bleiben!"

Am nächsten Morgen fingen wir, unterstützt vom Patron und einem Gardian, zwei Junghengste aus der wilden Pferdeherde, nur zwei von den vieren, die alt genug schienen, zugeritten zu werden. Wir trieben die Herde hierzu auf der Steppe zusammen, geleiteten sie in den Stierpferch beim Mas (Gehöft), wo der Patron und Jan den ersten Hengst aussonderten. Der Gardian des Patrons hockte inzwischen breit grinsend auf der obersten Stange des Korrals beim Tor, öffnete dieses vor und schloß es hinter dem isolierten Junghengst, den ich ihm zugetrieben hatte.

Dann schnallte Jan seinen Lasso vom Sattel, trat zu Fuß in die Korralmitte, ließ die Schlinge über seinem Hut kreisen, und der Hengst preschte im selben Augenblick davon, hart dem Korralzaun entlang. Die Schlinge sirrte durch die Luft. Der Hengst beschleunigte seine Sprünge, doch auch das hatte Jan offensichtlich mit einkalkuliert, denn schon zog sie sich um seinen Hals zusammen. Ich schlang das Lassoende um einen Korralpfosten, und wir zogen den Hengst Schritt für Schritt heran, so ungebärdig er sich auch zeigte. Als er endlich nur noch einen halben Meter vom Pfosten entfernt schnarchte, schoben der Patron und sein Gardian zwei dicke Stangen so durch den Korralzaun, daß der Junge in einem Kreissegment zwischen den Stangen und dem Korralzaun, wie in einer Sattelbox, eingeschlossen stand. Ich lockerte die Lassoschlinge, bereit, sie jederzeit wieder zuzuziehen, während Jan daran ging, das Sattel- und Zaumzeug meines Camisards dem Junghengst zu verpassen. In etwas mehr als einer Stunde stand der Grauschimmel gesattelt und aufgezäumt da. Jan holte seinen Dunkelfuchs in den Korral, schwang sich in den Sattel, ließ sich das Führseil des Junghengstes reichen. Darauf bat er den Gardian, ihm zu Pferd zur Hand zu gehen, während der Patron und ich die Stangen durch den Korralzaun zurückzogen. Der Junghengst stieg sogleich und schlug, wie irre, mit den Vorderhufen um sich. Jan zwang ihn auf den Boden zurück und riß ihn mit sich aus dem Korral und dem Stierpferch auf die Steppe hinaus. Eine Viertelstunde später kamen sie zurückgeprescht. Ich gurtete den Grauschimmel nach und schwang mich in seinen Sattel. Der Hengst stieg augenblicklich und versuchte, Jan mit seinen Hufen zu erreichen. Kaum auf der Erde, leitete er eine Reihe Bocksprünge ein, nach rechts, nach links, nach links, nach rechts; Jan nahm ihn immer härter ans Führseil, doch der Junge tobte weiter. Einmal, bereits draußen auf der Steppe, warf er sich aus einem Bocksprung in den Staub und versuchte, sich mit dem Sattel zu wälzen. Ich wurde zwischen die Hufe des Dunkelfuchses katapultiert und wollte eben unter ihm hervorkriechen, als Jan zischte: „Los, los, drauf, auf den Satan!“ Ein Blick in sein Gesicht verriet, ich sollte mich tatsächlich auf den noch liegenden Hengst setzen. Ich sprang unsanft in den Sattel, bemüht, meine Stiefel außerhalb der angewinkelten Hufe zu halten. Da flatschte es auch schon wie Peitschenhiebe hinter mir auf die Kruppe. Jan hieb mit dem Führseilende auf den Junghengst ein. Nach dem dritten oder vierten Schlag schnellte dieser eilfertig auf die Beine, bockte erneut los, doch mit dem Reiter hingeworfen haben soll er sich seither nie wieder.

Als wir eine Stunde später beim Gehöft aus den Sätteln sprangen, versagten mir die Knie, und ich wäre hingefallen, hätte mich der Manadier nicht aufgefangen. Er stellte mich auf die Beine zurück, hieb mir vor die Brust, brummte: „Tut mir leid, daß ich gestern beim Empfang nicht freundlicher zu dir war. Konnte ja nicht wissen, daß du ...“, er blickte zu Jan hinüber, „daß ihr die besten Zureiter des Deltas seid!“ Ich schämte mich, denn wie verkrampft ich in Wirklichkeit auf dem Jungen gesessen hatte, verrieten mir allzu deutlich meine schmerzenden Beinmuskeln.

Beim Mittagessen kaute Jan lange auf einem Satzanfang herum. Endlich stieg ihm Röte bis unter den Haaransatz, und er sagte: „Der Hengst, dieser Satan heute morgen, der ist doch schon fünf Jahre alt! Nach seiner Art, sich aufsässig zu zeigen, ist das kein Junghengst mehr, sondern ein Repris de Justice, ein Rückfälliger, den einer bereits einmal gründlich versau... ben, verfehlt hat!“ Der Manadier nickte verlegen grinsend. Seine Frau rief vom Herd herüber: „Ich sagte es dir ja, Jan kannst du nichts vormachen!“ Der Schädel des herdeneigenen Gardians sank inzwischen immer tiefer über den Suppenteller. Jan fragte: „Und der andere, den wir nachher reiten? “

„La même chose! Das gleiche!“

Den zweiten Hengst ritt Jan, und ich sekundierte ihm vom Dunkelfuchs aus. Der Schimmel bockte weit tückischer als der Graue am Morgen und beutelte mich am Führseil mehr als einmal um Haaresbreite aus dem Sattel. Jan wankte indessen keine Spur. In seinem Gesicht stand ein Grinsen, das ich insgeheim sein „Zureitergrinsen“ nannte, weil es sich jeweils um so spöttischer vertiefte, je härter das Pferd bockte oder stieg. Zehn Tage lang ritten wir die beiden Junghengste täglich. Anscheinend begannen sie zu begreifen, daß sich ihre Ausfälle, obwohl sie einmal oder mehrere Male zum Ziel geführt hatten, nicht unter jedem Reiter bewährten. Jan empfing schließlich den Lohn für die Arbeit mit ihnen,

teilte ihn großzügig mit mir, und wir ritten zum Gehöft des nächsten Manadiers weiter.
Hier wurde ich nicht freudiger empfangen als im ersten Mas, durfte aber wiederum bleiben, weil Jan behauptete, ohne mich nicht auszukommen. Wir fingen im Laufe zweier Tage insgesamt vier Junghengste ein – echte diesmal, keine bereits verkorksten Tiere –, sattelten und ritten sie in der nun schon gewohnten Weise. Wir sollten hier vierzehn Tage bleiben, soviel war abgemacht.
Am Anfang der zweiten Woche trat eines Abends beim Absatteln der Patron neben mich: „Escoute, Gardianou! Daß ihr zu zweit kommen würdet, konnte ich nicht ahnen. Andererseits leistet ihr beide ganze Arbeit, und ich kann Jan nicht zumuten, seinen Lohn mit dir zu teilen. Willst du dir, anstelle der Barbezahlung, nicht ein Pferd aus meiner Herde aussuchen? Jan sagt, du hättest kein eigenes!“ Das war ein Angebot! Ich berichtete sogleich Jan davon, der bereits unterrichtet war, und am nächsten Morgen ritten wir zur Pferdeherde hinaus, sahen uns die Dreijährigen an: Keiner entlockte mir jene Begeisterung, von der ich so oft geträumt hatte. Enttäuscht folgte ich Jan zum Gehöft zurück. Beim Mittagessen wich ich den Blicken des Patrons aus.
Beim Käse angelangt, sagte er beiläufig: „Im Vorwerk, drüben am Stromdamm, stehen zwei Fünfjährige. Ich habe sie André versprochen; aber wenn dir einer davon gefällt ...“
Wir ritten zum Stromdamm hinüber, banden unsere Junghengste im Hof der Meierei an, traten in den Stall. Lange dauerte es, bis sich meine Augen an das Dunkel gewöhnt hatten. Endlich machte ich die beiden Hengste aus, trat an sie heran – nichts, kein Funke sprang über. Da rief Jan: „Hé, komm, sieh dir den da an!“ Im hinteren Teil des Stalles war eine geräumige Box eingerichtet, und zwischen den Latten des Verschlags schimmerte, leuchtete, erschien mir das prachtvollste, makelloseste Pferd: ein kleiner, gedrungener Schimmel, neunjähriger Wallach, rundgefüttert, mit hellen, nervösen Augen und knochentrockenen Beinen. „Der da und kein anderer“, knirschte ich. Jan schüttelte den Kopf, kratzte unter dem Hut: „Den da rückt der Patron nie heraus!“ Mehr wollte er nicht sagen.
Nach dem Abendessen zündete der Patron eine Zigarette an und schüttelte ebenfalls den Kopf: „Nein, das ist Dur, le Dur, das Pferd meines armen Sohnes, der bei dem Autounfall umgekommen ist. Niemand wird ihn je wieder reiten. Dafür sorgt er schon selbst!“
„Dur“ heißt „hart“ und, wie mir Jan endlich doch noch erzählte, hieß

der Schimmel Dur, weil kein anderes Pferd der Herde sich je so hartnäckig und so lange gegen den Reiter verteidigt hatte wie Dur. Allein der Ausdauer und der Geschicklichkeit des verunglückten Sohnes hatte er sich schließlich doch noch unterworfen. Zwei Jahre später hatten Dur und sein Reiter als das geschickteste Paar bei der Arbeit in den Kampfstierherden gegolten und oft waren sie von fremden Herdenbesitzern zum Brennen der Jungrinder geladen worden, nur weil die Männer Reiter und Pferd in der Aktion sehen wollten.

Nach dem fatalen Unfall hatte der Patron den Schimmel erst monatelang ungeritten stehen gelassen. Eines Tages, als sein eigenes Leibpferd lahmte, hatte er ihn endlich zur Arbeit gesattelt und war, kaum aus dem Hof gelangt, ziemlich tückisch abgeworfen worden. Er hatte ihn erneut bestiegen, hatte sich seine ganze Zureiterkunst ins Gedächtnis gerufen und war, nach einem minutendauernden Kampf, gerade noch rechtzeitig abgesprungen. Zwei seiner Leute hatten sich darauf an dem Tier versucht und es nur Stunden später als absolut unreitbar für immer aufgegeben. Seither pendelte Dur zwischen den Stutenweiden und seiner Box hin und her, und der Patron hätschelte ihn als ein Andenken an seinen Sohn.

Drei Tage lagen noch vor uns. Am Morgen des vierten würden wir Jans Pferde satteln, um zur Station und zur Stierherde Escambarlas in den Süden zurückzukehren. Ich hatte mir in den Kopf gesetzt, das Gehöft nur im Sattel Durs zu verlassen oder zu bleiben, bis der Patron nachgäbe. Jan versuchte, mir meine fixe Idee auszutreiben: „Was nicht zu kriegen ist, ist nicht zu kriegen“, und „weit erfahrenere Reiter hat Dur schon zusammengestaucht, den biegt keiner mehr gerade!“

Jeden Abend nach der Arbeit lieh ich mir das Fahrrad der Magd im Gehöft aus und pedalte quer über die Steppe zum Vorwerk. Dann hockte ich bis gegen neun Uhr, bis zur Zeit des Abendessens, auf dem Verschlag der Box, redete behutsam auf Dur ein, bot ihm Gerste aus der hohlen Hand, striegelte und bürstete ihn. Er gab sich lammfromm, täglich zutraulicher, hin und wieder sogar verspielt. Nach jedem Abendessen fragte der Patron: „Also, welches Pferd wird es sein? “ und jedesmal antwortete ich dasselbe: „Wenn Sie so gut sein wollen, le Dur!“

Am letzten Tag, einem Sonntag, sah sich der Patron unsere Arbeit mit den Junghengsten an, lobte sie zufrieden, schwang sich sogar in den Sattel eines der Tiere und schien bei großartiger Laune. Als wir absattelten, fragte ich ihn überraschend: „Wollen Sie mir einen Gefallen tun? “

„Na klar, Junge, um was geht's? “

„Lassen Sie mich den Dur einmal reiten!“

„Bist wohl übergeschnappt!“ warf Jan aufgebracht ein. Der Patron schien indessen zu überlegen. Dann brummte er den herrlichen, leider nicht zu übersetzenden Satz: „Quand voulès péta plus aut que voste quieù, fau avé un trau au mitan de l'esquino!“ und fügte diesem hinzu: „Jan, er ist noch jung und wird sich bei dem wohlverdienten Sturz weniger brechen als wir alten Knacker!“

In des Patrons Auto fuhren wir zu dritt hinüber zum Vorwerk. Keine fünf Minuten nach unserem Ankommen hatte ich Dur gesattelt und gezäumt. Dann führte ich ihn aus dem Hof,und meine Hände trieften von Schweiß. Einen Steinwurf weit von den Gebäuden entfernt hielt ich ihn an, redete heiser auf ihn ein, während ich nachsattelte. Jan kam gelaufen und wollte mir beim Aufsitzen helfen. Ich winkte ihn zurück. Dann stellte ich die Zügel in der Linken ein, den inneren etwas kürzer, packte mit der selben Hand ein Büschel Mähnenhaar, saß im Sattel. Behutsam angelte ich nach dem rechten Bügel. Sowie ich ihn gefunden hatte, ging ein Schauer durch das Pferd. Es explodierte! Einen auch nur annähernd ähnlichen Bocksprung hatte ich selbst in Alpträumen nie ausgesessen. Doch jetzt hing ich zu meiner Verwunderung noch immer im Sattel, nahm die Zügel auf wie im Schlaf, setzte die Sporen leise an, balancierte eine Serie harter, kurzer Bocksprünge aus und entdeckte jäh, daß Dur ja nur geradeaus bockte, nie zur Seite, sich kaum je in den Sprüngen drehte, auch keine Miene machte, sich hinzuwerfen – ja, irgendwie aus Freude zu toben schien, keineswegs um mich loszuwerden. Ich ließ ihn bocken, provozierte ihn endlich sogar dazu, und wir flogen über die Steppe, drehten bei der leisesten Gewichtsverlagerung meinerseits auf Zirkel ab, mal links, mal rechts. Dann nahm ich erneut die Zügel auf, und Dur versammelte seine Sprünge, und ich kürzte den Galopp und verkürzte ihn weiter und schließlich galoppierten wir drei Takte lang vor dem Patron und Jan auf der Stelle.

Am nächsten Morgen hielt mich der Patron mit einer Zigarette beim Frühstück zurück. Jan ging, die Pferde zum Aufbruch zu satteln. Ich versuchte krampfhaft, nicht an Dur zu denken. Der Patron redete über die schlechte letzte Stierkampfsaison und wiederholte, er können mich mit dem besten Willen nicht bar bezahlen. „Ich muß dir wohl oder übel ein Pfand überlassen, aber, glaube mir, das ist so gut, wie bares Geld!“ Draußen polterten Pferdehufe. Jan rief, er sei bereit. Der Patron und ich erhoben uns gleichzeitig und traten in den Hof hinaus. Jan saß im Sattel seines Dunkelfuchses und grinste übermütig, meinen Camisard ungesattelt an der Hand. Der Stierhirte des Patrons führte einen Schimmel aus dem Stall, fertig gesattelt und gezäumt, und hinter dem Sattel waren mein

Schlafsack und meine Satteltaschen festgeschnallt. Der Patron nahm ihm die Zügel aus der Hand, hing sie über meinen erstarrten linken Arm: „Hier, das Pfand!“ Wie im Traum schwang ich mich in den Sattel. Jan ritt an, und wir trabten auf die Steppe hinaus: so kam ich zu Dur.

Noch bevor sie uns begrüßte, begann die Patronin in Saintes Maries de la Mer an Dur herumzumäkeln. Ich hatte bisher keine Sekunde lang daran gedacht, mit ihm von früh bis spät Touristen auf Ausritte zu führen. Nun aber wurde es zum Entschluß: Dur galt als eines der besten Stierpferde des Deltas und sollte mir vor allem bei der Arbeit in den Stierherden dienen. Deshalb machte ich mich sogleich auf die Suche nach einem Stück Weideland für ihn. Schließlich fand ich mit Jans Hilfe, wenn auch acht Kilometer vom Dorf entfernt, eineinhalb Hektar mittelmäßigen Bodens, auf dem bereits ein Verschlag, der als Stall dienen konnte, und etwas Hüttenähnliches standen. Der Besitzer, ein Schweizer, überließ mir das Grundstück zu annehmbaren Bedingungen. Zwei Freunde halfen mir, aus dem Hüttenähnlichen eine Hütte, und Jan, aus dem Verschlag, einen Pferdestall zu machen. Da der Boden mitten zwischen ausgedehnten Sümpfen lag, ballten sich über ihm Mückenschwärme in, selbst für damalige Camargue-Verhältnisse, unüblicher Dichte zusammen. Ich wollte dennoch endgültig in „meine“ Hütte übersiedeln und zimmerte mir das notwendige Mobiliar und, voller Stolz, einen Briefkasten selbst. Als Jan, nach dem Stallbau, ins Dorf zurückkehrte, entdeckte ich, daß er heimlich „Mas di Mouissau“ – „Mückengehöft“ auf den Briefkasten gepinselt hatte, einen Namen, den die Hütte, das heißt vielmehr das, was von ihr übrig geblieben ist, heute noch trägt.

Dur gewöhnte sich schnell an die neue Umgebung, wenn er auch nie dazu zu bewegen war, seinen Stall als einen solchen anzusehen und zu beziehen. War während der folgenden Wochen in der Station und in den Stierherden einmal nicht los, so nahm ich ihn mir „zu Hause“ oder am Strand regelmäßig vor, um allmählich herauszubekommen, was an Talenten alles in ihm steckte. Wie alle reinrassigen Stierpferde ging er zwar auch den ihm, von seinem ersten Herrn anerzogenen, fleißigen Schritt, der Meilen frißt; doch seine ureigenste Gangart war – wiederum wie die aller Camargue-Pferde – der Galopp, den er in natürlichem Gleichgewicht von sich aus versammelt ging, ob er sich nun auf dem Heimweg zum „Mas di Mouissau“ oder auf der Steppe in voller Karriere befand. Ich staunte damals täglich neu über die Hingabe seines Rückens, über die Leichtigkeit und Bereitwilligkeit, mit der er die Hanken bog, die Hinterhand unterschob, sich vorn im Halsansatz aufrichtete, ohne je die Nasenpartie aus

der Senkrechten zu heben; und all das bei durchhängenden Zügeln, allein unter der Einwirkung des Gewichts. Und da er so ausbalanciert galoppierte, hatte ich auch keinerlei Mühe, ihn im Takt umspringen zu lassen, erst vier zu vier Takte mit verhältnismäßig groben Hilfen, dann drei zu drei und zwei zu zwei, und schließlich changierten wir mit jedem Sprung, wozu ich nur den jeweils äußeren Zügel an den Hals anzulegen und mein Gewicht nach außen zu verlegen hatte, ohne jemals die Waden und Stiefelabsätze auch nur in die Nähe des Pferdeleibs zu bringen.
Hierauf übten wir die Galopp-Pirouette, und ich gewann wieder den Eindruck, er brauche nur zu verstehen, was ich von ihm wollte, um sogleich meinen Wunsch nahezu von sich aus zu erfüllen. Nur im Trab war nicht viel aus ihm herauszukriegen. Sein Gang blieb ausdruckslos, seinen Gesten fehlte der weitausgreifende, federnde Schwung. Später erst begriff ich, daß kaum ein reinrassiges Camarguepferd nennenswerte Mechanik im Trab zu entwickeln vermag und daß Traberqualitäten geradezu ein Anzeichen fremder Blutzuschüsse sind. Zwar gelang es mir in der Folge, Dur zu leidlichem – wenn auch etwas schaukelndem – Piaffieren zu bringen, doch einigermaßen korrekte Passagen sah ich, von Camarguepferden ausgeführt, nur bei der Arbeit mit den Stieren in sehr tiefem Gelände und einige Male von Blad di Luno getreten, von einem Camargue-Hengst mit viel Berberblut, unter Jan am Strand.
In den ersten Wochen des Zusammenlebens mit Dur weckten mich eines Nachts zornige Hengstschreie und das Aufklatschen unbeschlagener Hufe auf Muskeln und Weichteilen. Seit einigen Tagen weidete im Sumpf rund um die hohen Böden des Mas di Mouissau herum eine Stutenherde von ungefähr vierzig Köpfen unter der Führung eines der prächtigsten Deckhengste der ganzen Camargue. Dur, der sich seines langen Umgangs nur mit Stuten zu erinnern schien und sich offenbar für die Herde irgendwie verantwortlich fühlte, trottete seither pausenlos den Stacheldrahtzaun entlang, was wiederum den Leithengst bewog, sich unablässig zwischen seine Stuten und Durs Standort zu schieben. Aneinandergeraten waren der Hengst und der Wallach bisher kaum. Nun aber – es war halb zwei Uhr morgens in einer wolkenlosen Vollmondnacht voll milchigen Lichts, das die Landschaft und die Schatten in Schwarzweißmanier deutlich nahe brachte; nun aber klatschten die Hufe und stöhnten die Schimmel, und ich stürzte aus dem Bett und aus der Hütte, um die Kampfhähne zu trennen. Doch kaum hatte ich einen Schritt vor die Hüttentüre gesetzt, erstarrte ich.
Keine vierzig Meter vor mir bäumten sich die beiden Schimmel silbern im

Mondlicht, droschen mit den Vorderhufen aufeinander ein, versuchten dabei, sich gegenseitig mit den Zähnen bei den Hälsen zu erwischen, schrien, schnarchten, stöhnten vor Stolz und Schmerz und Zorn, und der Stacheldrahtzaun verlief zwischen ihren Leibern. Ich stand, als gedächte ich Wurzeln zu schlagen, konnte mich nicht erinnern, je ein erregenderes, wildschöneres Bild gesehen zu haben und vermochte nicht mich zu entschließen, dem Kampf ein Ende zu bereiten. Hie und da ließen sich die Schimmel kurz auf alle Viere herab, nur um mit dem einen oder anderen Vorderhuf über den Zaun hinweg nach dem Gegner zu keilen. Ihre Hälse waren mächtig zurückgenommen, eingerollt, ihre Mähnen standen von den Kämmen ab, an ihren Brüsten, Schultern und Sattellagen klafften Bißwunden, aus denen es dunkel rann. Und wieder bäumten sie sich silbern steil in den marineblauen Nachthimmel. Dur erreichte mit zwei gewandten Schlägen des Hengstes Nüstern und Ganaschen. Der Herdenführer, eine Zehntelsekunde zu spät gestiegen, verlor das Gleichgewicht und stürzte auf die rechte Seite in den Schlamm. Böse schnarchend sprang er sogleich auf die Hufe zurück, trollte sich nun aber zu seinen Stuten hinüber, während Dur ihm zweimal zornig einen Hengstruf nachtrompetete. Drei, vier Minuten lang trabte er mit steil erhobenem Schweif und erstaunlich federndem Schwung den Weidezaun entlang, wieherte noch ein paar Male – nun halb lockend, halb warnend – zu den Stuten hinüber, begann, vergeblich auf Antwort wartend, schließlich wieder zu weiden. Ich begab mich erneut zu Bett.

Die Stierkampfsaison brach an. Jan und ich arbeiteten regelmäßig in der Herde Escambarlas und in denen der beiden Manadiers, deren Pachtweide Escambarla in Lairan teilte. Jan gestatte mir einstweilen nicht, Dur in Lairan zu reiten: „Dur ist bis zum Unfall seines Reiters vornehmlich mit reinrassigen Camarguerindern umgegangen, die Reiter nur angreifen, wenn sie sich in die Enge getrieben fühlen. In Lairan aber weiden auch die Croisés Espagnols der beiden anderen Manadiers. Und die rasen zuschanden, was immer sich in ihrem Weg befindet. Du würdest Dur nur unnötigen Risiken aussetzen, denn weder er noch du verfügt über genügend Erfahrung im Umgang mit gekreuzten Spaniern!“ So ritt ich vorderhand weiter den hölzernen, steifen Grauen, der Gitan hieß und um den es angeblich „nicht schade“ war, sollte ihm etwas zustoßen.

Doch der Tag, an dem Dur endlich seine Qualitäten als Stierpferd beweisen konnte, kam, wenn Escambarla seine Herde mittlerweile auch auf eine andere Weide, nach Carrelet, gebracht hatte. Ich ritt Dur hier schon seit einigen Wochen beim Sammeltreiben und Einpferchen der Kampf-

stiere, wurde dann aber jeweils vom Patron abgeordnet, die ausgesonderten Stiere zusammenzuhalten und zu bewachen, das heißt eben die dem Gardianlehrling zukommende Arbeit zu verrichten.
Eines Sonntagsmorgens war der Auftrieb schneller und leichter vonstatten gegangen als üblich, und der Lastwagen, der die sechs Kampfstiere und den „Simbèu", den Leitstier, zur Arena bringen sollte, war noch nicht angelangt. Da rief mich der Patron zu sich. Als ich neben ihm anhielt, hob er den rechten Arm, zeigte auf die ruhig durcheinanderwogende blauschwarze Leibermasse der Herde, sagte: „Regarde! Là, dort am Herdenrand trottet Courtet, der Bulle mit den etwas kürzeren Hörnern, siehst du ihn, ja? – Hol' ihn heraus!"
Ich sah den Stier zehn oder zwölf Meter vor mir, heftete meinen Blick zwischen seine Ohren und ritt im Schritt auf ihn zu. Sowie ich den Herdenrand erreichte, bemerkte der Stier offenbar, daß ich es auf ihn abgesehen hatte und beeilte sich, in die Herdenmitte zu entkommen. Ich ließ ihn nicht aus den Augen. Dur bahnte sich eine Gasse durch die Rindermasse, die vor uns auseinanderwich, und Courtet trottete nun schon dem gegenüberliegenden Herdenrand zu. Ich trieb Dur an, um dem Stier im geeigneten Augenblick näher an der Kruppe zu sein. Er trabte unwillig an und trennte dabei, ohne daß ich mir dessen sogleich bewußt wurde, eine Kuh von ihrem Kalb. Die Kuh satzte einige Längen vor uns herum, senkte die Hörner zum Angriff. Dur hielt an. Zwei Jungbullen schoben sich zwischen uns und die Kuh. Über ihre Rücken hinweg fuchtelte ich mit dem Haselnußstecken drohend zu ihr hinüber, und endlich trollte sie sich zu ihrem Kalb zurück und mit diesem aus unserem Weg. Da durchzuckte es mich heiß und kalt: mittlerweile war mir Courtet entkommen. Rund um mich trieben hundertfünfzig blauschwarze Rinder abzeichenlos durcheinander, reckten ihre lyraförmigen Hornpaare in den Himmel, und kein Paar erschien mir kürzer als ein anderes. Dur hatte sich erneut in Marsch gesetzt, strebte nach links, trabte nach rechts, ging im Schritt geradeaus. Ich war ratlos und dachte unablässig an das Donnerwetter, mit dem mich Escambarla an meinen angestammten, wenig rühmlichen Platz in der Gardianhierarchie zurückverbannen würde, und schon glaubte ich das schadenfrohe Gelächter der Gardians unseres Weidepartners zu vernehmen. Ich mußte Courtet wiederfinden; um jeden Preis! Dur stapfte weiter seine krummen Bahnen. Wir gelangten an den Herdenrand. Da durchblitzte mich ein Einfall: ich mußte irgendeinen Bullen aus dem Verband lösen und hinüber zu den anderen in die Pferchecke treiben, vielleicht glaubte mir der Manadier, wenn ich dann behaup-

tete, diesen und keinen anderen hätte er mir auszusondern aufgetragen. Schließlich konnte man sich mißverstanden haben!
Dur sprang unvermittelt an, setzte sich hart an die Kruppe eines hübschen Stieres, drängte ihn vom Herdenrand weg in die Pferchmitte und weiter, am Manadier und an Jan vorüber, hinüber zu den bereits ausgesonderten Tieren. Nun mußte das Donnerwetter Escambarlas sich ... Nein! Die Gardians schrien: „Bravo, Gardianou!" Sie versuchten offenbar, meine Schmach noch zu vertiefen. Der Bulle schob sich eben zwischen die Leiber der ausgesonderten Tiere, als Escambarla im Schritt an meine Seite ritt und kopfschüttelnd, aber erstaunlich ruhig feststellte: „Dein Pferd ist mit Geld nicht zu bezahlen! Meinst du, ich hätte nicht mitgekriegt, daß du Courtet aus den Augen verloren hast?"
Meinem Blick war der Stier tatsächlich entkommen. Nicht aber dem meines Wallachs, der ihn, wider meine Eingriffe, allein aus der Herde ausgesondert hatte. Ich schwor eilig und insgeheim, meinen Dur in ähnlichen Situationen nie wieder zu stören, und hielt den Schwur, wenn auch unbewußt, was mir in der Folge mindestens zwei schwere Unfälle ersparte: den ersten in einem Fließsandloch in der Dünenwüste von Faraman, den zweiten mitten in einer durchgehenden Herde reinrassiger und gekreuzter spanischer Kampfstiere.
Das war Jahre später beim Mas de l'Isle, zu dem damals noch die gesamte sumpfige Talsenke gehörte. Dur und ich befanden uns auf einem Kontrollritt, den Weidenzäunen entlang. Seit dem Frühherbst waren mehrmals einzelne Stiere, wir wußten nicht wo, durch die Koppelgatter gebrochen und in ein Jagdgebiet geraten, das hohen Herren aus der Stadt gehörte. Diese hatten sich jeweils den Bullen nur durch hastiges Bäumeerklettern zu entziehen vermocht, worauf sie unserem Patron die Kündigung seiner Weidepacht in Aussicht gestellt hatten für den Fall, daß Ähnliches sich erneut ereigne.
Ich trabte den Weg entlang, der vom Mas zur Straße führt und gelangte an den Zaun, der die Weide von der Landstraße trennte. War ich schon der Koppelgrenze entlang unterwegs, so wollte ich sämtliche Zäune kontrollieren. Dur zuckelte den Abhang von den hohen Böden in den Sumpf hinab. Lange kämpften wir uns durch den zähen Morast, Dur oft bis an die Brust im Schlamm watend. Ich fluchte vor mich hin, während der Wallach immer wieder Bögen um grundlose Moorlöcher suchte. Endlich

oben: Hubert ritt Dur bei der zweiten Abrivado in Saintes Maries (links außen)
unten: Dur war lange nur mit Stuten umgegangen...

erreichten wir den Karrenweg, der die Domäne in zwei Hälften teilte. Jenseits der Piste ging es erneut zwischen die Moorstollen hinab, welche hier eine Sumpfgrasart wenigstens etwas zusammenhielt. Vor uns weidete die Kampfstierherde die Spitzen der Gräser ab, von Büschel zu Büschel durch den Schlamm platschend. Plötzlich kamen auf der Landstraße drei junge Motorradfahrer herangeknattert, bremsten und hielten den Stieren gegenüber an. Ich beachtete sie nicht weiter, hatte ich doch den Zaun, Meter um Meter, nach einer Lücke abzusuchen und zugleich auf den Weg zu achten, den Dur durch den Morast einschlug. So gewahrte ich nicht, daß die Stiere mittlerweile vom Weiden abließen und sich zu einem Verband zusammenschlossen, der vor mir her zog, als plante ich einen Auftrieb. Als ich mir schließlich des Irrtums der Stiere bewußt wurde, ließ ich – wie ich glaubte: vorübergehend – den Zaun Zaun sein, lenkte Dur nach Osten, weg von der Straße, um die Tiere zu ihren Futterplätzen zurückkehren zu lassen.
In diesem Augenblick warfen die drei Burschen gleichzeitig die Motoren ihrer Räder an, machten sie laut aufheulen, und die Herde geriet darüber immer hastiger in Bewegung. Ich brüllte den Burschen zu, die Motoren abzustellen. Sie lachten johlend und ließen sie nur um so lauter knattern. Nun fuhren sie auch noch neben den ausbrechenden Stieren her. Gelang es mir nicht, die Tiere vor der Koppelecke im Süden aufzufangen, so mußten dort die letzten die ersten in den steil ausbetonierten Kanal drängen, der uns – weil für die Rinder unüberwindbar – als natürliche Weidegrenze diente. Dur war längst losgerast. Er satzte mit Riesensprüngen durch den tiefen Schlamm. Dann gelangten wir auf etwas festeren Boden und kamen zügiger voran. Die Motorradfahrer taten mittlerweile alles, um die Herde weiter außer sich geraten zu lassen. Dur setzte zum Endspurt an. Die Spitze der dahinrasenden Herde befand sich nur noch sechzig Meter vom Kanalrand entfernt und machte keine Miene, vom Zaun längs der Straße abzubiegen. Da tauchte ein Sumpfloch vor uns auf. Dur warf sich herum. Wir umjagten die Niederung und verloren damit unseren knappen Vorsprung vor der Herde, deren Spitze keine dreißig Meter mehr vom Kanalrand entfernt war. Allein ein Wunder konnte die Leitbullen noch retten. Und das Wunder geschah!
Vom jenseitigen Kanalufer krachte ein Flintenschuß herüber und noch einer. Dann regnete es feines Blei auf Dur und mich herab. Die Stiere

oben: Der Patron gebot: „Hol' mir jenen Jungstier aus der Herde!"...
unten: Der Wildhüter beschrieb uns den Standort der Kampfstiere...

kamen ins Stocken. Die Herdenspitze bog endlich nach Osten ab. Ein dritter Schuß fiel und ein vierter, und die Motorradfahrer holten das Letzte an Lärm aus ihren Maschinen. Die Rinder irrten kurz – nun deutlich von der Panik getrieben – durcheinander und rasten geradenwegs auf Dur und mich los. Ich breitete die Arme, schrie "hohoooo, hohohoooo!" suchte sie – reichlich naiv – zu beruhigen. Doch die Herdenspitze kam näher und näher. Dur piaffierte vor Aufregung. Nun packte die Panik auch mich. Ich warf Dur herum, um im rechten Winkel zur Achse der durchgehenden Herde aus dem Leiberstrom zu fliehen. Dur warf einmal heftig kurz den Schädel hoch und jagte davon – nicht nach Osten, wie ich beabsichtigte, sondern nach Nordosten, in die gleiche Richtung, wie die uns langsam einholenden Stiere. Irgendetwas in mir verbot, ihn weiter daran zu hindern. So flogen wir vor der Herde her, die uns näher und näher kam, nur noch vier Meter hinter uns, dann nur noch zwei entfernt war, uns einholte und uns rechts und links überholte. Dur verkürzte seine Galoppsprünge, und als die breite Front der gesamten Herde endlich vor uns dahinraste, fiel er in Trab, dann in den Schritt. Plötzlich begriff ich, weshalb er instinktiv diese Richtung und keine andere eingeschlagen hatte. Als die Herde am Kanalrand abgebogen war, hatte sie sich aus einer langgezogenen Reihe zu einer kurzen breiten Front umformiert, der wir, nach Osten fliehend nicht nur niemals entkommen wären, sondern der wir überdies unsere Breitseite dargeboten hätten.

Als ich das Abenteuer später Jan schilderte, schüttelte er ungläubig den Schädel: „C'est pas vrai! Du bist fünf Jahre lang mit Stieren aller erdenklichen Rassen umgegangen und hast das Allerwichtigste nicht mitgekriegt; daß man durchgehenden Rindern nur entkommt, wenn man mit dem Strom, statt dagegen flieht? – Ebèn, mon vieux! Hätte Dur nicht mehr Verstand bewiesen als du, so läget ihr nun beide draußen im Sumpf, von zweihundert Kampfstieren zu Fetzen getrampelt!"

Im ersten Spätherbst meines Zusammenlebens mit Dur im Mas di Mouissau wurde Jan zu einer Abrivado eingeladen, zu der er mich mitnehmen wollte. Auf die diesbezügliche Bitte antwortete der Manadier: „Klar, Jan, nur vergiß nicht; du bist mir dafür verantwortlich, daß der Junge keinen Mist baut!" Ich wußte weder, worauf es bei einer Abrivado ankam, noch wie man dabei „Mist" baute. Jan erklärte: „Du schließt ganz einfach das Dreieck und weichst nicht von deinem Platz! Coumprès? " Nichts begriff ich, hoffte jedoch, erst einmal draußen auf der Steppe, aus all dem klüger zu werden.

Als Jan und ich hier anlangten, rasten bereits ein halbes Dutzend Gardians ebenso vielen Stieren in alle Himmelsrichtungen nach, während die Herde sich über die zaunlose Weide unbeaufsichtigt zerstreute. Unsere Pferde fielen von sich aus in kurzen Galopp, und wir umkreisten die uns fremde Herde, trieben sie dichter zusammen und hielten sie auf der Stelle fest, bis die anderen Gardians und der Manadier nach und nach alle durchgebrannten Rinder eingesammelt und zurückgetrieben hatten. Sie schrien dabei und fluchten, hatten roterhitzte Köpfe, nannten sich „Anfänger" und „Mistkäfer", und nachgerade war ich gespannt, zu erfahren, was eine Abrivado sei.
Nun rief der Manadier seine Söhne und Gardians zu sich. Jan trabte mit hinüber. Gaby, ein alter Gardian, und ich hielten weiter die Herde zusammen. Endlich scherte der Herdenbesitzer mit dem jüngeren seiner Söhne aus der Reitergruppe aus und ritt zwischen die Stierleiber, fuchtelte tobend mit seinem Trident um sich, verfluchte immer ausführlicher seine Rinder, die sich scheinbar nicht aussondern lassen wollten. Jan verlor sichtlich seine Geduld. Er trabte in die Herde, parierte zum Schritt durch, sonderte nur wenig später mit des Manadiers Hilfe den ersten, zweiten und dritten Stier aus. Der ältere Sohn des Manadiers und ich trieben sie zum Leitstier und zu den Männern hinüber, die diesen mitten auf der Weide isoliert hielten. Dann folgten der vierte, fünfte und sechste Stier. Noch während wir den letzten zu den übrigen trieben, bildeten die Reiter ein Dreieck um die Bullen, machten dem Manadier Platz, der es als Spitze anführte, während wir uns hinter den übrigen Gardians anstaffelten, die Schultern unserer Pferde auf der Außenseite hart an der Kruppe des Pferdes unseres Vordermannes haltend.
Und ab ging die Post in starkem Trab. Jan rief mir zu, meinen letzten Platz in der Staffel aufzugeben, um die Stiere anzutreiben und sie so im Dreieck der Schimmel zu verkeilen. Mir war es recht so. Wir trabten quer über die Steppe zur Landstraße. Beim Erklettern der Straßenböschung fiel kurz Licht durch die, in Unordnung geratene, Gardiankette. Die Stiere zögerten keine Sekunde, stürzten sich in die Bresche, brachen aus und rasten in einem Bogen zur Herde zurück. Der Manadier tobte erneut los, rief sämtliche Heiligen als Zeugen für die Unfähigkeit seiner Gardians auf. Letztere galoppierten mittlerweile bereits hinter den Stieren her, bogen deren Lauf allmählich Richtung Dorf zurück, schlossen sie erneut zwischen sich ein; nur ein einziger Bulle mußte, separat verfolgt, zur Umkehrung gezwungen und zurückgetrieben werden. Diesmal trabte der lebende Keil zum Ufer des Süßwasserkanals, in die nächste Umgebung des

Dorfes. Dort gab es eine Auffahrt zur Straße, die das mühsame Erklettern der Böschung ersparte. Die Gardians hatten alle Hände voll zu tun mit dem Bremsen der Stiere, Versammeln der Pferde, Anstaffeln an die Kruppe der Vorderpferde, Fernhalten der Stierhörner vom Pferdeleib und von den eigenen Beinen. Dur galoppierte am langen Zügel versammelt, während alle anderen Pferde aufgeregt schnelltrabten. Durch das Gehotter und Gestotter in der Wendung zum Straßenaufgang öffnete sich vorn links eine neue Lücke. Zwei Stiere stürzten sich sogleich hindurch. Der jüngere Sohn des Manadiers winkte mir, ihm zu folgen.
Wir machten uns, zwei Gardians und ich, auf die Jagd nach den ausgebrochenen Bullen. Diese galoppierten bereits weit vor uns, geradeaus nach Osten, wateten dann durch einen bodenlosen Arm des Etang des Impériaux, trotteten am jenseitigen Ufer nach Südosten, dann nach Süden. Wir jagten hinterher. Mitten im Salzseearm versank plötzlich der Berberhengst des einen Gardians. Der Bursche brüllte verzweifelt um Hilfe, und wir ließen einen Augenblick die Stiere Stiere sein, schnallten die Sedens von den Sätteln, warfen sie ihm zu, der noch immer im Sattel saß, obgleich sein Pferd nur noch den Kopf über dem Wasser hielt. Er verknotete die Sedenenden am Sattel, eines an sich selbst, dann zogen wir erst ihn, darauf auch den Berberhengst auf sicheren Boden zurück. Bis auf die Haut durchnäßt und über und über mit tiefschwarzem, faulriechendem Schlamm überzogen, schwang er sich sogleich wieder in den Sattel, ließ den Hengst zwei, drei Probeschritte traben, und erneut ging es in voller Karriere hinter den Stieren her, die inzwischen den Meerdamm überquert hatten und drüben zwischen den Dünen am kurzen Hartgras knabberten. Wir versuchten, sie diesmal von Süden her einzukreisen, was nur halb gelang, trieben sie zwischen uns über den Damm auf die Steppe zurück, dann im Galopp den Reitern und den anderen Stieren nach, die eben den Dorfeingang erreichten.
Kurz vor der Dorfbar holten wir sie ein. Der lebende Keil setzte sich augenblicklich in Galopp. Die Dörfler sprangen vor ihm mitten auf die Straße, versuchten, durch wildes Armeschwenken, das Platzenlassen aufgeblasener Papiertüten und durch Würfe von Mehl und Asche die Pferde zum Scheuen und die Stiere zum Ausbrechen zu bringen. Doch die Gardians an der Dreicksspitze wirbelten mit ihren Tridents um sich, und die Dörfler setzten im jeweils letzten Augenblick zur Seite, warfen vom Gehsteig aus Knallfrösche zwischen die Klauen und Hufe der Bullen und Pferde, schrien, klatschten, pfiffen, johlten. Auf dem Weg zur Arena rasten wir unterdessen in die zweite Kurve. Einige Burschen rannten

neben uns her, um den Pferden ins Zaumzeug zu fallen oder einzelne Gardians aus den Sätteln zu kippen – ohne viel Erfolg. Dann schwenkten wir im rechten Winkel zur Arena ein. Ein mächtiges Strohfeuer versperrte die breite Toröffnung. Die Spitzenpferde stutzten eine Zehntelsekunde lang: Zeit genug für drei Stiere, mit Gewalt durch die Reiterkette zu brechen.

Zwar gelang es Jan mit ein paar gewandt geführten Tridentbissen, einen der Bullen doch noch durch die Flammen in die Arena zu bekommen. Wir Lehrlinge preschten unterdessen den beiden anderen Ausreißern nach, die unter dem Jubel der Dorfbevölkerung mitten auf der Straße nach Westen brausten. Kurz vor dem Dorfausgang überholten wir sie, bogen ihren Lauf nach Norden ab, dann, zwischen den Cabanes hindurch, ans Ufer des Kanals und diesen entlang nach Osten zurück. Der Sohn des Manadiers, ein anderer Junggardian und ich brachten schließlich einen der beiden Ausreißer in die Arena. Der zweite, letzte Bulle trottete inzwischen der Dorfmitte zu, irrte durch die Gassen und Gäßchen und fühlte sich schließlich so sehr in die Enge getrieben, daß er uns vorwarnungslos angriff, als wir versuchten, ihn zwischen uns aus der Dorfstraße zu führen. Dur fühlte sich offensichtlich in seinem Element. Obwohl das feuchte Kopfsteinpflaster seinen unbeschlagenen Hufen alles andere als Halt gewährte, tänzelte er herausfordernd vor dem Stier, bis dieser angriff. Statt nun, wie ich es erwartet hatte, zur Seite zu satzen, stieg er kurzerhand und ließ den Bullen unter seinen angewinkelten Vorderarmen hindurchrasen. Wir hatten damit erneut zwanzig Meter gewonnen. Gelang es uns, den Stier bis an die Kreuzung zu locken, so konnten wir ihn vielleicht einkreisen und mit uns fort zur Arena treiben.

Jan kam angaloppiert. Die Dörfler waren inzwischen in die Häuser rechts und links der Dorfstraße getreten, hatten die Fenster der ebenerdigen Wohnzimmer geöffnet und versuchten, den Bullen in ausgebreitete Tischdecken, Leintücher und Mäntel laufen zu lassen: „Hoho, le toro! Toro, toro, heiho, hoho!“ Der Stier trottete auf dem schmalen Gehsteig die Häuserfront entlang, sprang vor jedem Tuch an, raste unter ihm hindurch. Da verhakte sich plötzlich eine rote Tischdecke an einem seiner Hörner. Ärgerlich schüttelte er den schwarzwollenen Schädel, griff unvermittelt Jans Sansnom an, der behende auswich, und nun spielte Sonnengesprenkel in seinem ölig glänzenden Fell: die Mündung der Nebenstraße war erreicht. Jan setzte sich vor den Stier, wir trieben ihn an. Mitten in der Nebengasse blieb er jäh bockbeinig stehen. Ein paar Dörfler liefen an seinem Schädel vorüber, versuchten, die Wolle zwischen seinen Hörnern

mit den Fingerspitzen zu berühren. Mehr und mehr laut jubelnde Dorfbewohner jeglichen Alters und Geschlechts riegelten die Gasse beidseitig ab und feuerten die Burschen zu immer neuen, immer riskanteren Läufen an, ja setzten sogar Preise auf besonders kühne Läufe aus. Wagten indessen wir Gardians, auch nur daran zu gehen, den Stier endlich einzukreisen, so setzten wir uns sogleich tollsten Beschimpfungen aus. Die Dörfler hatten einen Abrivado-Bullen zum Ausbrechen gebracht, er gehörte nun ihnen; sie hatten damit den Kampf zwischen sich und den Gardians gewonnen. Kleinlaut ritten wir aus dem Kreis.
Kaum waren wir um die Ecke gebogen, splitterte hinter uns Glas. Der Bulle hatte sein Spiegelbild im Schaufenster eines Fotogeschäfts entdeckt und war noch im selben Augenblick zum Angriff angesprungen. Die Wucht des Anlaufs ließ nicht nur die Fensterscheibe bersten; sie trug den Stier bis nahezu zur Kruppe mitten in den Laden hinein, wo er die Trennwand zwischen der Auslage und dem Verkaufsraum demolierte und sich neben der Kasse aufbaute. Nach dem Mittagessen arbeiteten die Dörfler während zweieinhalb Stunden mit uns zusammen, um den Bullen aus dem Geschäft zu locken und in die Arena zu bringen. – Meine erste Abrivado auf Dur ging damit in die Dorfgeschichte ein.

FERIA IN NIMES

Jedes Jahr im Frühsommer veranstaltet die Stadt Nîmes – wie Montpellier, Arles und Salon-de-Provence im Randgebiet der Camargue gelegen – ihre „Feria“, ein gigantisches Fest mit Tanz in den Straßen, Gauklern vor den Cafés, Stierkämpfen spanischen und provenzalischen Rituals, Reiterspielen in der Arena, mit Umzügen, Boule-Wettbewerben, Feuerwerk und allem, was sonst noch zu südfranzösischen Festlichkeiten gehört. Während der tollen Tage – das Fest dauert in der Regel etwas mehr als eine Woche – spaltet sich die Bevölkerung in eine Unzahl von Gruppen und Grüppchen auf, die sich mit bunten Fuhrmannshemden, Halstüchern und Schildmützen einerseits zu ihrer jeweiligen Gruppe bekennen, zum anderen als Afficionados, Fans, Anhänger eines der neun Stierkämpfer ausweisen, die ihrerseits während der Feria in der Arena zu sehen sind.

Vermutlich geht der Brauch des sich mit Hemden Uniformierens auf die Handwerkerzünfte zurück. Genau wissen das heute selbst die Verkleideten nicht mehr. Dennoch haken sie sich, wie seit je, weiter mit den Armen unter, bilden so Ketten, die die Straßen sperren, und ziehen singend zum Stadtkern. Begegnen sich unterwegs zwei Gruppen, so singen sie sich gegenseitig an, und die Passanten sind eingeladen, darüber zu befinden, welche Clique besser oder lauter singt. Die Verliererkette hat sich daraufhin aufzulösen, um die Gewinnerkette passieren zu lassen und darf sich hinter dieser erneut formieren.

Den Mittelpunkt der Feria bilden eindeutig die Stiere, und der Höhepunkt des Festes ist die beste der drei Corridas (Stierkämpfe spanischen Rituals), die am Samstag (Novillade), Sonntag und Montag um Pfingsten auf dem Programm stehen. Da die guten Plätze in der Arena knapp sind, müssen die Eintrittskarten schon Wochen zuvor bestellt werden, was in der Praxis einer Art Wette oder Toto – drei zu eins – auf die beste Corrida gleichkommt. Wer kann es sich schon gestatten, allen Kämpfen beizuwohnen?

Die Wahl „ihrer" Corrida beschäftigt denn auch die Leute wochenlang. Man diskutiert die Qualitäten der Matadores, der Stierkämpfer, schlägt im Hundertjährigen Kalender nach, stellt Wetterprognosen. Ist dieses Pensum absolviert, so beschäftigt man sich nur noch mit den Stieren. Ihre Herkunft, die Zucht, die Gegend, in der sie liegt, die dortige Bodenbeschaffenheit, das Gewicht der Bullen, ihre Gesundheit und Ausdauer, ihre Namen, berühmte Vorgänger aus der gleichen Herde – nichts aber auch gar nichts bleibt vergessen, undiskutiert oder wird als nebensächlich abgetan. Treffen endlich die Stiere ein, so reißt die Prozession der Begutachter über ihren Ställen nicht mehr ab, und die Zeitungen sind voll von wiedersprüchlichen Ansichten. Die Feria von Nîmes ist letztlich ein Fest vor allem der Stiere und Stierfreunde, selbst wenn die Bullen dabei getötet werden.

Lange Zeit konnte ich diesen Widerspruch nicht ertragen, und ich weigerte mich, Jan, einen ausgesprochenen Afficionado, zur Corrida zu begleiten. Er versuchte nie, mich dennoch zum Mitkommen zu überreden, nickte nur leise grinsend, sprach ich von meiner Abscheu vor dem blutigen Kampf. Eines Tages, anläßlich einer Diskussion mit Reitkunden in der Bar, sagte er plötzlich: „Je te comprends bien! Du findest den spanischen Stierkampf abscheulich, weil dir die Stiere gleichgültig sind!" Ich horchte auf: „Comment? "

„C'est évident! Frage jemanden, der sich nichts aus Pferden macht, was er von einem Hindernisrennen hält! Er wird, wie du, behaupten, das sei reine Tierquälerei und mit nichts zu rechtfertigen! Man kann die Corrida wohl nur mögen, wenn man die Stiere liebt und versteht!“

Das konnte und wollte ich nicht auf mir sitzen lassen; bildete ich mir doch ein, ich liebte die Rinder genauso aufrichtig, wie ich seit jeher die Pferde mochte. Ich mußte Zeuge einer Corrida werden! Schließlich war ich lange genug mit Stieren umgegangen, die mit für die Corrida gezüchtet wurden.

Die erste Gelegenheit hierzu ergab sich anläßlich der Feria in Nîmes. Am Samstag des Stierkampfwochenendes wurden jeweils die Manadiers und Gardians der Camargue vom Bürgermeister zum Apéritif ins Rathaus eingeladen. Zur Tradition gehörte, daß man sich gegen zehn Uhr auf der Esplanade versammelte, die Pferde, die in Stiertransportwagen ankamen, auslud, sattelte, zäumte und unter der Farbe seiner Herde geschlossen zum Rathaus ritt. L'Escambarla hatte Jan und mich gebeten, dieses Jahr mit ihm zu reiten.

Wir hatten unsere Pferde am Vorabend gewaschen und im Stall des Mas Carrelet angebunden in der Hoffnung, sie wälzten sich während der Nacht nicht allzu ausgiebig im Mist. Um sechs Uhr früh hatte Escambarla Jan in Saintes Maries und mich im Mas di Mouissau abgeholt, und wir holperten zu dritt im Lieferwagen des Manadiers nach Carrelet, bemüht, unsere schwarzen Samtjacken, die ausnahmsweise sauberen Hemden und Hosen, die frischgebürsteten Hüte und frischgeölten Stiefel nicht vorzeitig zu beschmutzen. In Carrelet sahen wir zuerst nach unseren Pferden. Dur, der hier seit einigen Wochen mit den Stierpferden des Patrons zusammen weidete, hatte sich während der Nacht losgemacht und an einem Heuballen in der Ecke einen Heubauch angefressen. Escambarlas Leibhengst hatte offenbar überhaupt nicht gelegen; nur Trimar, den Jan reiten wollte, wies an der Kruppe Mistflecken auf und mußte nochmals gewaschen werden.

Dann fuhr der Kastenwagen des Weidepartners unseres Patrons vor, und wir führten die drei Pferde über die Laderampe auf die Brücke, wo bereits vier Pferde angebunden standen. Der Motor des Wagens heulte auf. Wir griffen nach unseren Tridents und verstauten sie mit dem ebenfalls frischgeölten Sattel- und Zaumzeug zusammen im Lieferwagen, setzten uns dazu, und Escambarla betätigte beim Wenden vor Aufregung die Hupe.

Nîmes war an diesem Morgen kaum wiederzuerkennen. Die sonst ruhigen Straßen und Gassen der Innenstadt wimmelten, trotz der frühen Stunde, von Männern, Frauen, Burschen, Mädchen und allgegenwärtigen Kindern.

Autofahrer dankten höflich, machte ihnen die Menge auf den Boulevards Platz; dennoch platzten Knallfrösche auf, in und unter ihren Wagen. Dutzende von Gruppen in roten, blauen, gelben, grünen Hemden marschierten als Straßensperren hinter Trommlern und Trompetern her und trugen Transparente, die den einen oder anderen Torero feierten, die eine oder andere Stierzucht, den einen oder anderen namentlich genannten Stier. Nîmes glich heute Pamplona, seine Feria der des heiligen Firmin.
Plötzlich wogte die Menge, wie auf ein geheimes Zeichen hin, nur noch in eine Richtung. Schräg gegenüber der Arena, auf der Esplanade, fuhren mehr und mehr Stiertransportwagen auf. Dutzende von Gardians und Manadiers luden Schimmel aller Schattierungen aus: vom hellen Grau bis zum Goldweiß des Alters. Sie banden sie am Gestänge der Wagenwände an, sattelten und zäumten sie auf. Escambarla, Jan und ich und die Gardians unseres Weidepartners taten es ihnen nach. Schließlich stieß jemand einen schrillen Pfiff aus, der offenbar aufzusitzen gebot. Die schaulustige Menge wich auseinander. Nicht wenige Schimmel machten ihrer Nervosität in der ungewohnten Umgebung durch eine Reihe von Bocksprüngen Luft. Dennoch formierte sich eine dreifache Reiterkolonne.
Eine Viertelstunde lang saßen wir dann, betont lässig auf unsere Tridents gestützt, in den Sätteln und lachten die Burschen aus, die Knallfrösche zwischen die Hufe unserer Tiere warfen – so uns die Pferde deswegen nicht alle Hände voll zu tun gaben. Endlich regte sich die Zugspitze. Ein paar Jungpferde stiegen, andere bockten erneut los. Ihre Reiter legten die Schenkel an. Lässigkeit und Überheblichkeit standen in den Gesichtern der Gardians: sie wurden nur einmal im Jahr von einer so dichten Menschenmenge beklatscht.
An der Spitze des Zuges trabte man an. Dann trabte die ganze Kolonne unbeschlagen seltsam lautlos über den Asphalt eines von Ampeln beherrschten Platzes. – Nach dem Apéritif im Rathaus, ging es in einer würdigen Prozession zum Stierdenkmal, von dem sich alle, wie jedes Jahr, tief ergriffen zeigten. In der Ansprache davor war der Begriff „fé di biou“, „Stierglaube“ oder „Vertrauen in die Stiere“ mehrmals gefallen und gab offensichtlich während der Schweigeminute allen sehr zu denken. Daraufhin trabte man zum Essen, zu einem eigens hierfür möblierten Schulhaus im Norden der Stadt, anschließend zu den Wagen in die Stadtmitte zurück, sattelte die Schimmel ab, verlud sie und während sie auf ihre Weiden zurückgebracht wurden, schritten wir gemeinsam zur Arena hinüber, wo gute Plätze kostenlos für uns reserviert waren.

Noch erkletterten Zuschauer die gewaltigen Stufen des Amphitheaters, obwohl die Präsidentenloge bereits besetzt war. Auf ein Zeichen des ranghöchsten Mitgliedes des Stadtrates hin spielte die Kapelle die Marseillaise. Wir standen auf und setzten uns darauf wieder auf die schmale hölzerne Bank. Zwei schwarzgekleidete Reiter – die Schultheißen, wie mir Jan erklärte – galoppierten in die Arena. Einer fing den Schlüssel des Stierstalles (Toril) aus der Hand des Stadtrates auf. Die Kapelle schmetterte von neuem los.
Nun traten die Novilleros (Jung-Toreros), von ihren Helfern, den Peones, begleitet, zum Aufmarsch – dem Paseo, sagte Jan – in die Sonne; die Pailletten ihrer Kostüme schossen Glitzerfunken hinauf bis zu den letzten Plätzen auf den steinernen Bögen der Außenmauern. Feierlich durchschritten sie der Länge nach das Arenaoval, grüßten vor der Präsidentenloge, ließen die buntbestickten Mantillas von den Schultern gleiten, warfen sie Damen in der ersten Zuschauerreihe zu, Damen, die die Umhänge vor sich über die steinerne Brüstung hängten. Ein Trompetensignal erklang: der erste Stier schoß aus dem Toril. In wildem Lauf durchstob er das Oval, stemmte vor der Bande unterhalb der Präsidentenloge die Vorderklauen in den Sand, warf sich nach links herum, raste weiter, einmal rund um die Arena, baute sich schließlich mitten im Brandzeichen seiner Herde auf und bewarf die Hinterbeine mit Sand. Jan rückte dichter zu mir heran und tuschelte mit aufgeregten Sätzen: „Ein tolles Tier! Ein typischer Guardiola! 437 Kilo, gute Hörner, sicher auf den Beinen und hat mehr als ein Drittel der Arena zum „Terrain" auserwählt."
Zwei Peones machten sich zögernd an den Bullen heran. Da flankte der erste Torero in das Oval, nahm seine Cape von der Brüstung und winkte die Helfer vom Platz. Sorgfältig faltete er den grellgelben Umhang vor der Brust, einen Zipfel zwischen den Zähnen und näherte sich damit dem Stier. Dieser bewarf sich immer unwilliger den Leib mit Staub. Da! Er schnellte los. Der Novillero stand, entfaltete das Tuch, der Stier raste hinein, warf den Saum mit den Hörnern hoch, hakte herum, sprengte erneut heran, tauchte aus dem Tuch, warf sich zum dritten Anlauf herum. Dieses Mal wand sich der Stierkämpfer in die Cape ein, ließ das Tier hart an sich vorüberlaufen. Die Zuschauer brüllten bei jeder „Passe" lauter: „Ollé, ooolé, olé!."
Nach der Arbeit mit der Cape und der der Picadores, der Lanzenreiter, trieb der Novillero selbst die Banderillas, die mit Papier buntumwundenen Stöcke, in den Widerrist des Bullen und erntete stürmischen Applaus. Während der Wendungen im Spiel mit der Muleta, mit dem

einfarbigen roten, halbmondförmigen Tuch, schrie Jan vor Begeisterung mit. Auch ich fühlte mich irgendwie gebannt. Dann folgte – zu schnell – die „Sekunde der Wahrheit", löste den Bann, ließ mich etwas zwischen Abscheu, Trauer und Aufatmen empfinden, und als der Stier nach dem zweiten Degenstich zusammenbrach und endlich leblos auf die Seite fiel, vermochte ich nicht mitzujubeln. Erst als der tote Bulle angekettet von zwei rotbetuchten Pferden zur Ehrenrunde durch die Arena geschleift wurde, hatte ich mich so weit gefaßt, daß ich, gleich den anderen, die Hände zum Beifall rühren konnte. Nein, vielleicht empfand ich tatsächlich nicht genug für die Stiere, Kühe und Kälber; jedenfalls machte es mir keinen Spaß, sie sterben zu sehen.
In der kurzen Pause, die nun folgte, versuchte Jan, mir sämtliche Abschnitte des Kampfes auf einmal zu erklären. Dazwischen besprach er sich mit seinem Nachbar zur Rechten, einem alten Manadier, der sich, wie er, immer wieder den Hut vom Schädel gerissen, um das eine oder andere Knie geschlagen und zurück über das schüttere Haar gestülpt hatte. Vor der Präsidentenloge schlug inzwischen ein Feuerwehrmann den Namen des nächsten Stierkämpfers an: Vittorio de la Serna.
Das Trompetensignal hing noch über dem Oval, als der zweite Stier seine Hörner in die Barriere bei der Präsidentenloge rammte. Jan knallte mir seinen Hut auf die Schenkel: „Junge, das sind Stiere! Die haben Blut, sind kräftig, ehrlich, und die Sonne spielt in ihrem Fell!"
Diesen Kampf kommentierte Jan kaum. Das Schauspiel riß ihn völlig hin. Und unerwartet schlug es auch mich in seinen Bann. Ich entdeckte das Spiel der Muskeln unter dem ölig glänzenden schwarzweißen Fell, sah Funken aus dem Kostüm des Novilleros auf den Bullen überspringen, hörte die Menge die „Passes" mit der Cape skandieren, vernahm ergriffen geflüsterte exotische Namen: „Chicuelina", „Veronique", „Mariposa" und „Rebolera", und was beim ersten Kampf vorhin Gänge, Schritte, Finten und Rückzüge gewesen waren, erschien nun als ein lange einstudierter Tanz, als ein Pas de Deux, in dem der Novillero und der Stier Partner waren. Und wieder glitt der Bulle durch die Cape, schlug den Schädel hoch, wie um seinen Partner in die Luft zu schleudern. Der aber tat einen einzigen Schritt, stieß dabei ab, drehte sich, wie auf einer winzigen Drehscheibe um hundertachtzig Grad, rief den Stier zurück, breitete erneut das Tuch. Der Stier hatte eine enge Volte beschrieben, satzte gewaltig heran, tauchte in das Tuch ein, das ihn den Bruchteil einer Sekunde lang beschattete, schoß ins Licht, und ehe er an dem Matador auch nur bis zur Schulter vorübergerast war, hatte sich dieser von ihm

abgewandt, und die Cape flog, einem langen, weiten Rock gleich, um seine Hüften. „Rebolera", seufzte der Manadier zu Jans Rechten. Der Tanz war zu Ende.

Die Picadores, zwei Lanzenreiter, ritten in die Arena ein und stellten sich im unteren Drittel des Ovals nahe der Bande auf: einer links, einer rechts des Torils. Der Novillero schritt zu dem rechts des Stierstalles hinüber, breitete die Cape aus, rief den Stier an: „Oho, toro! Oho, oho toro!" Der Bulle trabte, galoppierte, brauste heran, raste durch den Schatten des Tuches, stutzte beim Anblick des Lanzenreiters, hielt sich nicht länger auf, jagte weiter, geradenwegs auf das dickgepanzerte Pferd los. Der Picador versuchte, des Stieres Lauf mit der Lanze aufzuhalten. Die Lanzenspitze glitt jedoch am Widerrist ab. Des Bullen Hörner verfingen sich im Schutzmantel des Pferdes. Der Stier stemmte sich unter die Vorderhand des Gaules, hob sie vom Boden – da krachten Reiter und Pferd auch schon in den Sand, und der Novillero rief den Partner ins Tuch zurück und hinüber zum zweiten Picador. Dieser Lanzenstich saß. Während einer halben Sekunde sah es so aus, als halte sich der Picador den Bullen mit ihm vom Leibe. Dann schüttelte dieser ärgerlich den wolligen Schädel und rammte die Hörner in den Matrazenpanzer des Pferdes. Zwei Sekunden später rutschten dem Braunen die Vorderbeine weg. Pferd und Reiter schlugen hart an der Barriere auf dem Boden auf. „Zwei Stürze! Zwei Stürze der Picadores!" umschwirrten mich heisere Kommentare, „das sind Stiere," und jäh laute Rufe: „Bravoooo le toro! Bravooo toro!"

Der Bulle scharrte im Brandzeichen seiner Herde, in der Mitte des Ovals. Drei Peones bemühten sich, ihm Banderillen in den Nacken zu stoßen. Der Novillero schritt unterdessen zur Präsidentenloge, grüßte, die Muleta und den Degen in der Linken gekreuzt, die Rechte an der schwarzen Kappe und bat, dem Ritual entsprechend, den Stier töten zu dürfen. Der Präsident schwenkte sein Tuch, der Novillero widmete seine Tat dem Publikum, was er – Jan erklärte es mir hastig – dadurch zu erkennen gab, daß er seine Kappe über die Schulter hinter sich warf. Darauf ging er einen anderen Degen auszuwählen und trat endlich dem Stier erneut entgegen.

Der Bulle war unterdessen, vier Banderillen im Nacken, in die Ovalmitte zurückgekehrt. Von hier aus belauerte er den Novillero, pflügte dabei mit den Vorderklauen den Boden, ließ weißen Schaum aus dem tief gesenkten Maul flocken. Aus seiner Lanzenwunde rann Blut die Schulter und die Vorderläufe entlang in den Sand. Obwohl ein halbes Dutzend

Peones, kaum bescheidener gekleidet, als der Matador, mit rotgelben Tüchern in einem Halbkreis herumstanden, obwohl sie dem Stier eben noch die Banderillen in den Widerrist geschlagen hatten, schien dieser genau zu wissen, daß nicht sie seine Partner waren, daß nur der Novillero, der eine schlankbewegliche Bursche, der keine achtzehn Jahre alt war, noch einmal, zum letzten Mal, mit ihm tanzen würde.
Die goldenen Pailletten auf dem Kostüm des Jungen sprühten Funken, umgleisten seine hohe, schlanke Gestalt mit mehr Licht, als die Sonne herzugeben bereit schien. Der Novillero maß den Stier. Seine Rechte heftete derweil den unteren Muletarand, wie selbständig, auf die Degenspitze. Das Tuch war bereit. Keine Sekunde zu früh! Der Bulle hatte sich katzbuckelnd kurz gespannt und war abgeschnellt. Der Novillero stand regungslos, bot ihm, mit einer knappen Bewegung allein des rechten Handgelenks, die Muleta an, schwenkte sie hoch und ließ sie hinter den Hörnern über den Rücken schleifen. Schon tauchte das Tier zum zweiten Mal in den roten Halbmond, bockte ins Licht, wirbelte herum. Der Matador wechselte gemächlich die Muleta in seine Linke und zwang dem Stier nun einen Rhytmus auf, den die Zuschauer sogleich mit Olé-Rufen skandierten. Jan war aufgesprungen. Die ganze Reihe der Gardians stand, und ich stand ebenfalls und skandierte mit.
Wieder glaubte ich mich in eine Ballettaufführung versetzt. Obgleich der Novillero immer neue Wendungen zeigte, die den Rhythmus oft einen oder zwei Takte lang unterbrachen, war das, was sich da unten abspielte, Tanz in höchster Vollendung, ein Tanz, der sich mir unwillkürlich mitgeteilt hatte, ja, nicht nur mir: dem gesamten Publikum. Das stand an seinen Plätzen und schwang, gleich mir, von einem Fuß auf den anderen, schwang, pendelte, tanzte mit dem Stier und dem Stierkämpfer. Und plötzlich durchzuckte es mich: „Das ist längst kein Kampf mehr; das ist Liebesspiel, Skorpionhochzeit, Mysterium; Eleusis oder Tenochtitlan!"
Der Bulle hielt vor der Präsidentenloge an. Seine Klauen markierten die Winkel eines regelmäßigen Rechtecks. Der Novillero blickte kurz ins Publikum oder zu zwei Wolken hinauf, senkte die Linke mit der nun schlaffen Muleta, hob die Rechte mit dem Degen in Brusthöhe, zielte – warf sich mit einem Satz zwischen die Hörner: der Degen drang bis zum Heft zwischen die Schulterblätter ein. Im gleichen Atemzug wich er einem Hornstoß aus, schnellte zurück und stand, die Rechte beschwörend erhoben. Die Peones warfen dem Stier die Säume ihrer Capes vor. Der Toro beachtete sie nicht. Aus seinem Maul tropfte, rann, rieselte Blut. Seine Lenden zuckten. Seine Gelenke bebten. Er schob tastend einen Huf

kaum sichtbar vor, schwankte, hob den Schädel, wie um seinen Partner noch einmal zu messen, wankte darauf, wie unter einer überschweren Last, kniete in den Sand, legte sich nieder und verschied, bevor der Puntillero ihm den Fangstich versetzen konnte.
Irgendwo klatschte es aus wenigen Händen. Dann breitete sich wieder absolute Stille aus. Die Menge stand regungslos und fand anscheinend nur mühsam in ihr Alltagsbewußtsein zurück. Erst eine oder zwei Minuten später brandete der Jubel los, ein Jubel allerdings, wie ihn die alten Quader der römischen Arena nicht oft vernommen haben mochten.
Der Präsident sprach dem Novillero die beiden Ohren des Stieres zu. Von den Sitzplätzen regnete es Blumen, Hüte, Damenschuhe auf den Stierkämpfer herab: der Jubel zwang ihn dreimal um das Oval. Darauf brandete neuer Applaus hoch. Man ehrte klatschend und mit Bravorufen den toten Stier, den das Pferdegespann dreimal und noch einmal um die Arena schleifte, während Blumen, Taschentücher, bunte Sonnenhüte und Fächer auch auf ihn herabschneiten. Inzwischen forderte die Menge, den verantwortlichen Stierhirten der Herde zu sehen. Auch er wurde – auf den Schultern einiger Burschen – dreimal um die Arena getragen: „Das war der Stierkampf unseres Lebens! Zwei solche Kämpfe in dreißig oder vierzig Jahren sind ganz einfach undenkbar!"
Die übrigen vier Kämpfe dieses Nachmittags hätten aus jeder großen Corrida herausgestochen, besonders der fünfte und zweite des jungen de la Serna. Neben seinem ersten aber wirkte selbst dieser irgendwie blaß. Ich hatte den Eindruck, die Zuschauer wären am liebsten nach dem zweiten und ersten Kampf de la Sernas nach Hause gegangen. Wir jedenfalls, der Patron, Jan und ich, fuhren ziemlich einsilbig nach Saintes Maries zurück. Nur einmal versuchte Jan zu grinsen und mich auszufragen: „Alors, was sagst du zu den Kämpfen? "
„Ben, ich weiß noch nicht. Die Stiere sind tot!"
„C'est vrai! Mais ils ne sont pas morts pour rien! Sie sind nicht umsonst gestorben!"
„Wieso nicht? Jan zuckte mit den Achseln, als hätte er bereits zuviel verraten. Escambarla, der am Steuer krampfhaft vor sich hin auf die Straße blickte, sagte: „Ihr Leben hat Sinn und ihr Tod hat Sinn!" Mehr wollte auch er nicht verraten. Nach einer langen Pause fügte Jan, plötzlich etwas unwirsch hinzu: „Solche Kämpfe sollten unter Ausschluß der Öffentlichkeit, an geheimen Orten stattfinden!" Ich blickte ihn wohl reichlich fassungslos an, denn er fuhr fort: „Ja, in Grotten oder mitten im Wald! Der Matador und der Stier! Niemand sonst! Tant pis, wenn wir

nichts davon erfahren! Zu wissen, daß sie stattfinden und so sind, wie der zweite heute: das würde mir genügen!"
Nahezu zwei Jahrzehnte sind seit jener Feria verstrichen. Ich bin ein bescheidener Afficionado geworden. Ich habe Matadore, wie Luis Miguel Dominguin, Antonio Ordonez, Jaime Ostos, Paco Camino, El Cordobès, Chamaco, Aparicio, El Viti, Chicuelo Hijo und Curro Montes mit Stieren nahezu aller berühmten Stierzuchten (Ganaderias) Spaniens und Südfrankreichs kämpfen gesehen. Doch beinahe sämtliche Gänge waren Kämpfe, blieben Kämpfe, glichen kaum je diesem einen, ersten Mysterientanz des Novilleros Vittorio de la Serna und seines Stiers aus der Ganaderia Guardiola.

LOU REI, DER KÖNIG

Mein zweiter Sommer in Saintes Maries de la Mer ging dem Ende entgegen. Der Himmel spannte sich täglich blauer, dunkler, weiter und tiefer über das Delta. Frühmorgens haftete Tau an den Halmen. Jeden Tag bogen sich die Tamariskenzweige unter seinem Gewicht tiefer und weiter herab und sperrten nach und nach die Buschlücken, durch welche ich zur Arbeit ritt. Etwas wie Schwere lag über dem Süden der Camargue; wenigstens nannte ich es „Schwere" und war mir dabei bewußt, daß vielleicht nur ich „schwermütig" war.
Am Ende der Feriensaison war eine Gruppe Studentinnen im Dorf aufgetaucht, sechs Mädchen, die ich täglich über die Steppe, über den Strand, durch die Salzseen und durch die Sansouiro geführt hatte. Als ich zum ersten Mal mit ihnen ausgeritten war, hatten sie, wie alle anderen Reiter, nur „eine Kundengruppe mehr" dargestellt. Dann hatten wir uns zu unterhalten begonnen, und plötzlich hatte ich entdeckt, daß das Mädchen, das am besten ritt, auch am hübschesten war. Kurz, wegen eines dieser Mädchen hatte ich in der Folge immer öfter die Taschenuhr gezückt und immer unwilliger festgestellt, daß es noch nicht Zeit für den Ritt mit der Gruppe war.
Dann baten sie mich um einen Tagesritt, und Jan gab mir grinsend Ratschläge, wie man dabei eine sympathische Person am unauffälligsten neben sich zurückhielt. Ich war jedenfalls aufgeregt, als wir endlich aus

dem Hof der Leihstation trabten. Doch kaum waren wir durch den Etang des Launes geritten, begannen die fünf Freundinnen, spitze Bemerkungen zu machen, und das Mädchen, das sechste, die Eine, zeigte sich zugeknöpft und kurz angebunden, und der Tag war im Eimer.
Als wir abends aus der Kleinen Camargue zurückkehrten, wand sich einer unserer Hengste in Koliken. Jan hatte ihn bereits dich in Decken eingepackt und den halben Nachmittag hindurch auf und ab geführt. Ich löste ihn nun ab. Den ganzen Abend und die ganze Nacht zogen wir wechselweise mit dem Hengst zwischen dem Dorf und der Mündung der Kleinen Rhône hin und her, um ihn am Sichwälzen zu hindern. Als der Tierarzt am nächsten Morgen endlich eintraf, war ich bereits wieder mit Reitkunden unterwegs. Am Nachmittag, während des Rittes mit der Mädchengruppe, bat ich eine der Freundinnen, mir ein Rendez-vous mit der Unnahbaren zu vermitteln. Die Sache klappte: „Heute abend um neun Uhr vor dem Kino!"
Um viertel nach acht Uhr brachte ich die Mietpferde auf die Weide. Um halb neun Uhr duschte ich im Badezimmer der Patronin. Um viertel vor neun Uhr legte ich mich mit einer Zigarette auf die Pritsche in Jans Kammer. Um halb elf Uhr kam der Gardian vom Abendessen und fand mich eingeschlafen, die noch nicht angebrannte Zigarette zwischen den Lippen.
Am Tag darauf – ich kam eben mit einigen Stammkunden vom Frühritt zurück – stand das Mädchen in einem Reisekostüm im Hof der Leihstation. Jan streckte ihm seine Pranke hin und ich hörte ihn sagen: „ ...dann eben bis zum nächsten Jahr!". Ein Blitz durchzuckte mich und lähmte das Aufkeimen jeglichen klaren Gedankens. Ich rutschte aus dem Sattel, band den Junghengst mechanisch am Karren in der Hofmitte an. Da war das Mädchen auch schon neben mich getreten, war hübscher denn je, blickte mir irgendwie bekümmert gerade unter die Brauen, sagte: „In fünf Minuten fährt der Bus, ich muß mich beeilen!" Sie drückte mir die Hand, wandte sich, während ich noch nach Worten klaubte, brüsk um und stöckelte zum Tor. Als es hinter ihr ins Schloß fiel, knurrte mir Jan – zum ersten Mal bitterböse – zu: „Du bist ein Vollidiot! Quelle fille adorable!" Seither, fand ich, hing Schwere über dem Delta, eine Schwere, die selbst dem sonst so ausgelassenen Jan zu schaffen zu machen schien. Jedenfalls kam Escambarla, der Patron unserer Stierherde, abends immer häufiger in die Leihstation, und Jan und er zogen sich dann auf die

Ich erkannte Pougau,wenn er mir beim Sammeltreiben allein begegnete...

Werkzeugkiste in den Stall zurück, hockten da lange einsilbig, und beim Abendessen zuckte es sorgenvoll um Jans Augen, manchmal unwirsch, oft abweisend.
Endlich weihte mich der Gardian ein: Escambarla und seine beiden Partner hatten ihre über sechshundertfünfzig Stiere aus Lairan abzuziehen und suchten nun, wie besessen, neue Weidegründe. – Seit einigen Jahren dehnte sich der Reisanbau – staatlich gefördert – jeden Frühling weiter aus und beschnitt mehr und mehr das Weideland der Stier- und Pferdeherden. Gleichzeitig hatten die Mietpreise für Pachtland Sprünge zu machen begonnen, und Escambarla – erst seit eineinhalb Jahren Patron, Manadier auf eigene Rechnung – fragte sich angeblich ernsthaft, ob er die Stierzucht nicht schon wieder aufgeben solle.
Am 30. September mußte Lairan geräumt sein. Am 20. hatte Escambarla noch immer kein Ersatzland in Aussicht. Am 21. begann er, mit dem Schlächter über den Verkauf der Herde zu verhandeln. Am 23. versprach ihm ein befreundeter Manadier, seine Herde für ein paar Monate Übergangszeit bei sich in „Carrelet“ aufzunehmen. Nun fuhren l'Escambarla, Jan und ich jeden Morgen bei Sonnenaufgang nach Lairan, um mit den beiden anderen Manadiers und ihren Gardians zusammen die Herden voneinander zu trennen und gruppenweise zu verfrachten.
Arbeiten mehrere Herdenbesitzer auf gemeinsam gepachtetem Land zusammen, so übernimmt stets der „ranghöchste“, erfahrenste oder bedeutendste Manadier die Leitung, und die übrigen ordnen sich unter, auch wenn es um das Aussondern ihrer eigenen Tiere geht.
In Lairan war „lou Rèi“ der Herr. Obwohl er von einem Unfall in seiner Jugend ein steifes Bein zurückbehalten hatte und deswegen auch „lou Panard“, „der Hinkende“, hieß, nannten wir ihn bei der Arbeit ehrfürchtig nur „den König“, „lou Rèi“. Ich weiß nicht mehr, wer diesen Spitznamen erfunden hat. Jedenfalls schlug er sogleich ein – wenn für einige auch mit doppelsinniger Bedeutung – und niemand wunderte sich darüber. Lou Rèi war der König der Manadiers, stammte aus einem alten Herdenbesitzer-Geschlecht, war in seiner Jugend ein tollkühner Bursche gewesen, dessen Reiter- und Gardiantaten bereits in den Legendenschatz der Camargue eingegangen waren.
Zu meiner Zeit war er ein weißhaariger Mittsechziger, der an den Samstagmorgen in einer Ecke des Cafés „Vauxhall“ in Arles Hof hielt,

oben: Der Bois de Riège lag, als ein dünner Strich am Horizont, vor uns...
unten: Pougau errang uns an diesem Nachmittag den Sieg im Herdenwettstreit...

das heißt mit dem Hut auf dem Kopf, gediegen gekleidet, hinter einem Tischchen saß, ein Glas Apéritif vor sich, und nie lange allein blieb. Denn die Manadiers und Gardians, die Präsidenten von Stierclubs und Festkommitees standen draußen, im Freien unauffällig Schlange, um mit dem König Weidenwechsel, Stierkämpfe spanischen und provenzalischen Rituals, Pferdekäufe und -verkäufe, Jagdpachten, Umzüge der Nacioun Gardiano und Ausstellungen von Camargue-Rindern und -Pferden zu bereden, zu beraten, zu besiegeln. Lou Rèi hielt Hof, riet zu, riet ab, versprach Unterstützung oder verweigerte seine Bürgschaft, und die Leute flüsterten sich zu: „C'est un monsieur!" „Er ist ein Herr!".

Bei der Arbeit in den Stierherden galt er als der gefürchtetste Patron des Deltas; denn kein Fehler eines Gardians, kein Zögern und keine Unaufmerksamkeit entging dem Blick seiner buschig bebrauten, stets zusammengekniffenen Augen. Dann wehe dem, den er ertappte. Unter eiskalten, spitzig treffenden Aufzählungen aller je gemachten Fehler oder donnerndem Hohngelächter wurde der Mann vom Platz gejagt, mochte er auch jahrelang im Dienst des Königs stehen, dessen eigener Familie entstammen oder selbst Herdenbesitzer sein. Lou Rèi war der Herr, und unterstand ich seinen Befehlen, so erschien mir selbst der letzte Platz in der Gardianhierarchie und die geringste Arbeit dem Patron noch gefährlich nahe. So sattelte ich denn jeweils, ohne ans Aufbegehren auch nur zu denken, den hölzernsteifen Grauschimmel „Gitan", den er mir bei meinen Auftauchen in Lairan zugewiesen hatte, und trabte in gehörigem Abstand hinter der Kavalkade der Manadiers und Gardians her, vor allem darauf bedacht, keine Öffnung im Koppelzaun zu übersehen, kein Drahtportal zu schließen zu vergessen.

Lastete die feuchte Septemberhitze oft bedrückend schwer auf dem Inseldreieck der eigentlichen Camargue, so ballte sie sich über dem busch- und baumumfriedeten Lairan geradezu als heiße feuchte Watte zusammen. Mückenwolken stiegen mit den ersten warmen Sonnenstrahlen aus den umliegenden Sümpfen, umsummten die Stier- und Pferdeherden und setzten uns hart zu. Fanden sich dann noch die Bremsen und Stechfliegen ein, so begannen die durch den Auftrieb bereits übel gelaunten Croisés Espagnols aufsässig zu werden, lange bevor wir sie auf die Sortierkoppel beim Mas gebracht hatten.

Eines Morgens durchkämmte ich beim Sammeltreiben ein Stück Weide, auf dem nur hohes Spitzgras wuchs. Ich erwartete, hier nichts zu finden; kein Kalb, kein Fohlen, kein schlafendes Rind. Unvermittelt vernahm ich dennoch ein seltsames Qieken, Winseln und Schnarchen, ortete das

Geräusch und ritt vorsichtig näher. Da schrie es auch schon vor den Hufen Gitans: Mitten in einem niedergewälzten Hartgrasbüschel spielten fünf nur tagealte Frischlinge in der Sonne. Ich wendete Gitan, orientierte mich schnell und ritt weiter den Stieren am Horizont nach.
Beim Mittagessen erzählte ich den Männern von meinem Fund. Lou Rèi fragte: „Würdest du die Stelle wiederfinden? " Ich überlegte einen Augenblick: „Ich glaube schon!" Wir aßen schweigend weiter. Dann klappte lou Rèi sein Gardianmesser zu und gab damit das Zeichen, es ihm augenblicklich gleichzutun, erhob sich von der schmalen langen Bank, fragte: „Wer reitet mit auf die Wildsaujagd? " Die Gardians jubelten los, obwohl der Morgen ungewöhnlich anstrengend, die Herde ungewöhnlich angriffslustig gewesen war und am Nachmittag noch mindestens vier Transportwagen mit Rindern zu beladen waren.
Die Stierweidepacht war den drei Herdenbesitzern gekündigt worden – erklärte mir Jan beim Satteln –, weil der Grundbesitzer, ein großes Import-Export-Unternehmen, aus Lairan ein Jagdparadies für seine Direktoren zu machen beabsichtigte. Tatsächlich war Lairan sämtlichen Jägern der Camargue ein Begriff dank seines Reichtums an Schwarzwild. Die Grundbesitzer hatten denn auch schon begonnen, unsere Weidezäune aus Stacheldraht, Tamariskenknüppeln und -ästen durch einen Maschenzaun von einem Meter fünfzig Höhe und im Boden einbetonierte Metallstützen zu ersetzen. Selbst in den Sümpfen hatte man den Maschendrahtzaun tief eingegraben, und das rund um den über eintausend Hektar umfassenden Besitz. Wildschweine und Frischlinge, die man lebend eingefangen hatte, warteten schon zu Dutzenden in einem eigens hierfür angelegten Gehege neben dem Mas des Jagdaufsehers auf das Ende der Umzäunungsarbeiten und darauf, auf der Steppe wieder ausgesetzt zu werden.
Unsere Wildschweinjagd zu Pferd – schränkte lou Rèi jetzt selbst ein – diene nur dazu, dem Gehege eine Bache und ein paar Frischlinge mehr zu verschaffen. Er beauftragte einen Gardian, mit dem Lieferwagen Escambarlas zum Mas zu fahren, den Jagdaufseher zu verständigen und uns mit diesem und einem Sack auf die Steppe zu folgen, um die Strecke in Empfang zu nehmen. Lou Rèi schien seiner Sache sicher zu sein, obwohl noch nicht einmal erwiesen war, daß ich das Nest mit den Frischlingen wiederfinden würde. Und wie, fragte ich mich, gedachte er nur eine ausgewachsene Sau lebend einzufangen? Als wir durch das Drahtportal auf die Steppe hinaustrabten, fragte ich Jan danach. Der grinste nur: „Tu verras!" „Wirst es schon sehen!" Der Patron führte nur seinen Trident

mit. Wollte er das Wildschwein etwa, wie ein Jungrind, aus vollem Lauf umstürzen und sich dann darüberwerfen?

Kaum zwanzig Minuten später erreichten wir die Spitzgraszone: Der Patron hielt an, schnallte seinen Seden, das Seil aus Pferdehaar, das auch als Lasso dient, von seinem Sattel, schlang eine Öse, zog das Seilende hindurch, hatte tatsächlich einen Lasso gebastelt, dessen weitgeöffnete Schlinge er nun um die Tridentspitze wand. Daraufhin gebot er uns, auszuschwärmen. Wir ritten zwischen die hohen Halme, und nur Minuten später jauchzte ein Gardian: „Da laufen sie, schnell, schnell, zu Hilfe!"

Wir galoppierten auf ihn zu, sprangen von den Pferden, warfen uns auf die wildquiekenden Frischlinge, die, obgleich noch winzig, keineswegs leicht zu erwischen waren. Dann hatten wir sie eingesammelt und in einen Sack verstaut, den Escambarla vorsichtshalber hinter seinem Sattel mitgeführt hatte. Jan ritt inzwischen weiter im Schritt kreuz und quer zwischen den Halmbüscheln hindurch, stieß jäh einen gellenden Treiberschrei aus, raste los, hakte wild pfeifend nach links und rechts herum, bis er den Rand der Büschelzone erreichte und wir ein ausgewachsenes Wildschwein auf die Steppe hinausflitzen sahen. Lou Rèis Schimmel preschte los. Wir liefen zu unseren Pferden, schwangen uns in die Sättel und setzten ihm nach. Vor dem Patron warf sich die Bache eben nach Süden herum. Sein Schimmel vollzog den Haken nahezu gleichzeitig nach. Nun war auch Jan heran. Sie versuchten, das Schwein zwischen ihre Pferde zu bringen, doch das Tier ließ sich im letzten Augenblick für Sekundenbruchteile zu Boden fallen, überholen, sprang auf und raste zum Etang im Norden weiter. Jan gelang es, seinen Lauf in unsere Richtung abzubiegen. Wir holten inzwischen das Letzte an Schnelligkeit aus unseren Pferden heraus. Die Bache hörte uns heranpoltern und hakte nach Westen herum. Da holte lou Rèi auf, beugte sich weit über den Hals seines Wallachs, senkte den Trident mit der Lassoschlinge, riß den Trident zurück, parierte im selben Augenblick durch. Sein Schimmel stand, während die Bache noch zwei oder drei Sprünge machte, um sich schließlich am angespannten Lasso zu überschlagen. Unbeweglich blieb sie liegen, so daß wir schon glaubten, sie hätte sich das Genick gebrochen. Der Patron gebot dennoch: „Verschnürt ihr zuerst das Maul!" Er hielt das Lassoende noch immer angespannt in der Faust, holte nun mehr und mehr Seil ein, indem er seinen Schimmel langsam einen Huf vor den anderen setzen ließ. Sie erreichten das Wildschwein. Ein Sprung, ein Biß der Bache, lou Rèis Schimmel stieg und versuchte auszubrechen, zwei Gardians warfen sich über das Schwein, bemüht, außerhalb der Reichweite seiner Zähne zu bleiben. Über den rechten Vorderhuf des Schimmels rann und rieselte Blut. Die Gardians verschnürten der Bache das Maul, verknoteten ihre Vorder- und Hinterläufe, lösten endlich den Lasso von ihrem Hals. Lou Rèi betete inzwischen seinen Flücheschatz herunter. Sein Leibwallach lahmte schwer. Als Escambarlas Lieferwagen ankam, verluden wir die Bache und den Sack mit den Frischlingen und führten unsere Pferde an der Hand neben dem Schimmel des Patrons her zurück zum Mas: das Vergnügen war zuende; die Arbeit begann.

Am nächsten Morgen hing schon früh ein Gewitter über Lairan. Die Mücken und Stechfliegen, die Hitze und die schwüle Feuchtigkeit, der Staub und sein Salzgehalt; all das setzte uns heute noch früher und noch härter zu als gewöhnlich, und die Stiere zeigten sich reizbarer denn je. Während des Sammeltreibens stieß ich auf ein Kalb, das von seiner Mutter wohl absichtlich im hohen Gras verborgen schlafend zurückgelassen worden war. Nun kam die Kuh in Sorge beinahe um, raste weit voraus hierhin und dorthin, störte den Auftrieb und säte Reizbarkeit in den einzelnen Gruppen. Ich parierte meinen Grauen durch, ließ mich leise aus dem Sattel gleiten, stürzte mich auf das Kalb, packte es unter den rechten Arm, versuchte, schnellstens in den Sattel zurückzukommen, jedenfalls bevor es richtig erwachte und sich dann wehren würde. Noch während ich mich bemühte, mit dem ungewohnten Zugewicht in den Sattel zu klettern, begann es, um sich zu schlagen und regte damit selbst meinen lahmen Gitan auf. Endlich kam ich dennoch auf seinen Rücken, packte es vor mir auf den Schoß und trabte seiner Mutter nach. Als ich mich noch etwa hundert Meter von ihr entfernt befand, blökte es jäh los. Die Kuh hakte augenblicklich herum und kam auf uns zugetrottet. Ich rutschte eilig aus dem Sattel, stellte das Kalb auf die Steppe, sprang in den Sattel zurück und machte mich eben aus dem Staub, als die Kuh zum Angriff überging.

Endlich waren die Rinder auf der Sortierkoppel eingeschlossen. Wir konnten ans Aussondern gehen. Wie gestern und die Tage davor sonderten Lou Rèi, l'Escambarla und Aimé, der dritte Manadier, die Stiere, Kühe und Jungrinder aus. Jan und die anderen Gardians hielten die Herde zusammen, während die Enkelin des Königs, ein anderer Gardianlehrling und ich die Öffnung zur Nebenkoppel bewachten, ausgesonderte Stiere hinübertrieben und am Zurückkommen hinderten und aus der Herde ausgerissenen Bullen den Zugang verwehrten. Nicht immer war es dabei klar, ob wir ein Tier oder ob wir es nicht passieren zu lassen hatten. Und lou Rèi war heute von miserabler Laune.

Staubsäulen wuchsen aus der Koppel, blieben über ihr stehen und fielen schließlich in sich zusammen. Wir atmeten Salzstaub, Rinder- und Pferdedunst, und dichte Wolken aus Geschmeiß umlagerten unsere Köpfe. Die Bullen trotteten bockig zwischen den Kühen und Kälbern herum und forderten sich gegenseitig zu Rangkämpfen heraus. Einmal trieb lou Rèi einen mächtigen Zuchtbullen mit tiefangesetzten Hörnern aus der Herde. Die Gardians ließen ihn passieren. Die Enkelin des Patrons nahm ihn in Empfang, um ihn stockschwingend durch das offene Portal auf die Nachbarkoppel, das heißt in den Ladegang zu treiben. Jäh hakte der Bulle herum und griff an, ohne zuvor warnend Staub zu scharren. Die Reiterin warf ihren Wallach herum und jagte davon. Der Stier raste ihr nach, die Hornspitzen hart an der Kruppe des Schimmels. Sie begann Hasenhaken zu schlagen. Der Bulle blieb ihr auf den Fersen. Noch einmal riß sie den Schimmel zu einem spitzen Winkel herum und preschte mitten in die Herde hinein. Die Rinder schossen durcheinander, jagten von rechts nach links, wogten dem Gatter entlang zum Tor der Nebenkoppel. Die Gardians schrien und fuchtelten mit ihren Tridents und Stöcken, um die Tiere aufzuhalten. Lou Rèi war außer sich. Seine mächtige Stimme donnerte Flüche hinter der Enkelin her, und ich fragte mich, was denn anderes in einem solchen Fall zu tun gewesen wäre.

Allmählich legte sich der Sturm. Doch der geringste Zwischenfall löste neues Geschrei und Verwünschungen aus.

Waren zwölf oder fünfzehn Zuchtbullen beisammen, so trieben wir sie im Ende des Ladeganges zusammen. Dort hatte der Lastwagenfahrer die Ladebrücke seines Wagens herabgelassen, öffnete jetzt das Gattertor, und wir jagten sie mit schrillen Pfiffen ins Wageninnere. Sogleich mußte die Ladebrücke wieder hochgezogen werden, worauf wir auf die Dachplanken des Autos klettern, mit kurzen Seilschlingen nach jedem einzelnen Hornpaar unter uns angeln und die Stiere an den Querverstrebungen anbinden mußten.

Endlich fuhr der Wagen an, und wir hievten uns müde, ausgelaugt und durstig in die Sättel zurück: der nächste Stiertrupp wurde zusammengestellt. Nach den Zuchtbullen kamen die Kampfstiere an die Reihe, nach den Kampfstieren die Jungbullen, darauf die kälberlosen Kühe, dann die Kühe mit Kälbern, dann die Jungkühe, daraufhin die zweijährigen Rinder beiderlei Geschlechts und schließlich die Einjährigen.

Als sämtliche Croisés, alle Tiere mit gekreuztem Blut, verladen und weggebracht waren, begann mit der Herde Escambarlas, die aus reinrassigen Camarguerindern bestand, das Spiel von neuem.

Am Nachmittag des Tages, an dem der Zuchtbulle die Enkelin lou Rèis in Verlegenheit gebracht und kurz darauf sogar den König persönlich angegriffen hatte, trieb Escambarla eine Kuh im Schritt vor sich her kreuz und quer durch die Herde. Mehrmals erreichten sie den Herdenrand. Doch im letzten Augenblick sprang sie jeweils in die Leibermasse zurück. Der König begann, sichtlich ungeduldig zu werden. Da, endlich gelang es Escambarla, sie von der Herde zu trennen. Er blieb ihr dicht an der Kruppe, bis sie durch die Kette der Gardians getrottet war, und winkte darauf mir, sie zu übernehmen. Ich trabte Gitan an und setzte mich hinter sie. Stockschwingend stieß ich die üblichen Treiberpfiffe aus. Sie trottete folgsam zum offenen Drahtportal. Da ließ ich von ihr ab, um der anderen Kuh nicht im Weg zu stehen, die lou Rèi eben ausgesondert hatte. Noch einmal hob ich meinen Treiberstock, um ihr, die vor dem Portal stehen geblieben war, einen letzten Elan zum Weitergehen zu vermitteln. Sie verstand mich offenbar falsch; senkte die Hörner, pflügte den Boden. Ich durfte mich nicht beeindruckt zeigen. Gitan quergestellt, schwang ich abermals meinen Stock und schrie sie lauthals an: „Héhéeee, heihéeee, plus loin, plus loin! Hei, la vache!"
Lou Rèis Enkelin schrie: „Vorsicht!" da schnellte die Kuh bereits heran. Ich hieb Gitan die sporenlosen Stiefelabsätze in die Flanken. Der Graue legte kurz die Ohren an und glotzte weiter regungslos zur Stierherde hinüber. Ich warf mein ganzes Gewicht in den linken Steigbügel, um die heranbrausende Kuh mit dem Fuß wenigstens etwas zu bremsen. Was als Wahnwitz erscheinen mußte, gelang: ich traf sie mit dem schmiedeeisernen Bügel hart zwischen die Ohren, ein irrer Schmerz durchzuckte mein Bein, doch die Kuh stutzte, hielt an, senkte den Schädel, riß mich dabei beinahe aus dem Sattel, ohne daß ich begriff weshalb. Ich knallte ihr den Haselstecken um die Nüstern. Sie krebste zurück, senkte erneut den Schädel zum Angriff. Diesmal traf der Haselstock die Kruppe meines Grauen. Er stieg und satzte davon. Der Gardianlehrling lou Rèis übernahm mittlerweile die Kuh, pfiff auf sie ein; sie floh endlich auf die Nebenkoppel. Des Königs Enkelin kam herangetrabt, blickte zur Herde hinüber, in der der Patron eben stark beschäftigt schien, sagte: „Großvater hat's nicht mitgekriegt! Schau schnell nach, ob Gitan etwas abbekommen hat!" Ich ließ mich aus dem Sattel gleiten. Ein spitzer Schmerz schoß das linke Bein hoch in die Hüfte, ich glaubte einen Augenblick lang ohnmächtig zu werden, „Los, beeil dich, hat Gitan was?" drängte die Stimme des Mädchens. Ich tastete des Grauen Flanke und Leib ab; nichts. Da donnerte jäh die Stimme lou Rèis herüber: „Espèce

d'abruti! Was hat der Gaul?" „Nichts, gar nichts! Ich sattle bloß nach!" „Wer hat dir das befohlen?" Ich blieb die Antwort schuldig und kletterte schleunigst in den Sattel zurück, obwohl ich vor Schmerz beinahe aufgeschrien hätte. Da scholl es noch einmal zu mir herüber: „Merke dir ein für alle Male; Reiter kann ich ersetzen, Stierpferde nicht! Bevor du einen Gaul in Gefahr bringst, schere dich lieber zum Teufel!" Ich blickte zu Jan hinüber, um zu erfahren, was zu tun sei. Er zwinkerte besänftigend grinsend mit den Augen. Ich blieb.
Drei Stunden später trieben wir den Rest der Herde auf die Steppe zurück. Der Gardianlehrling lou Rèis, der neben mir ritt, sagte plötzlich: „Die Kuh hat dich vorhin erwischt! Blut tropft vom Absatz deines Stiefels!" Er hatte recht. Mit Ausnahme einer einzigen Stelle in der Wade, die teuflisch brannte, war mein Bein gefühllos geworden. Ich merkte es erst jetzt. Als ich schließlich beim Gehöft aus dem Sattel glitt, schwappte Blut durch zwei Löcher im Stiefelschaft. Der Hornstoß der Kuh hatte tatsächlich den hinteren Teil der Wade aufgerissen ohne, glücklicherweise, den Muskel mehr als nur oberflächlich zu verletzen. In Saintes Maries angekommen, wusch Jan die Wunde aus. Dennoch konnte ich zehn Tage lang kaum gehen, geschweige denn reiten.
Am 30. September war ich noch nicht wieder hergestellt. Lairan war indessen geräumt. Noch etwas mehr Schwere lastete über dem Delta. Eine Weide, wie die, welche lou Rèi, Escambarla und Aimé eben verloren hatten – soviel wußte ich –, würde kein Manadier für eine Herde je wieder finden.

ESCAMBARLA

Escambarla hatte seinen Spitz- und Gardiannamen bereits als Kind von den Kollegen seines Vaters, eines Gardians, erhalten. „Escambarla" bedeutet „mit gespreizten Beinen sitzend", „zu Pferd sitzend", und ist wohl das ehrenvollste Adjektiv, das ein Manadier oder Gardian der Camargue seinem Sohne wünschen kann. Escambarla hatte jedenfalls früher reiten als gehen gelernt und schon mit sechs Jahren als ein tüchtiger Zureiter gegolten, der mit Vorliebe verdorbene, tückische Hengste in die Redressur genommen hatte. Manche behaupteten noch zu meiner

Zeit, als der Manadier bereits über sechzig war, er verfüge über Zigeunertricks, um sich die Pferde gefügig zu machen, denn niemand hatte je einen Hengst unter ihm auch nur bocken oder ausbrechen gesehen – niemand, außer Jan.
Tatsächlich ritt Escambarla seine Jungpferde anders zu, als es die meisten Gardians der Camargue gewohnt waren. Er hielt sie nach dem Einfangen oft wochenlang auf einer kleinen Koppel oder in einem Stall, beschäftigte sich täglich mit ihnen, longierte sie lange, bevor er ihnen zum ersten Mal den Gardiansattel auflegte. Dann führte er sie mit dem Sattel spazieren, redete dabei leise auf sie ein, brachte sie ungeritten in den Stall zurück. Eines schönen Tages saß er schließlich auf, ohne einen Assistenten auf einem Dressurpferd neben sich zu haben. Begannen dann die Nachbarn hinter der vorgehaltenen Hand über ihn zu lachen: „Escambarla hat endlich seinen Meister gefunden! Er hat uns noch nicht einmal gebeten, ihm beim ersten Ritt beizustehen", so trabte der Gardian auf seinem neuen Junghengst oft schon hinter den Stieren her. Und erhielt später einmal ein Freund die Gelegenheit, eines der von ihm zugerittenen Tiere hinter den Stieren zu erproben, so lief es anschließend als Steppenbrand durch das Delta: „Escambarlas Hengste lassen sich am Seidenfaden durchparieren, und in der Stierherde kannst du auf ihnen Siesta halten, sie sondern dir inzwischen genau die Rinder aus, die zum Stierkampf angemeldet sind!"
Escambarla war mittelgroß, von eher schmächtiger Gestalt, besaß ein langes, zum Kinn hin als Dreieck auslaufendes Gesicht mit hohlen Wangen und einem weichen, ernsten Blick, eine sanfte Stimme und ein altes Magengeschwür, das ihm beinahe ständig zu schaffen machte. In jeder Versammlung, mochte sie auch nur aus vier Leuten und ihm selbst bestehen, verschwand er; niemand konnte sich später seiner Gegenwart entsinnen. Das kam wohl mit daher, daß er in der Regel Menschenansammlungen, Festen und Feiern aus dem Wege ging: Escambarla atmete ausschließlich im Sattel, draußen, in der Einsamkeit der Steppe, hinter oder unter seinen Rindern, deren jedes einen Namen trug und auf ihn hörte.
Als ich den Mandier kennnenlernte, hatte er eine verheiratete Tochter, bei der er im Dorf wohnte, und einen noch jungen Sohn und schien dennoch seit jeher Witwer gewesen zu sein. Kurz, obgleich er ein Vetter lou Rèis und von dessen Onkel – nach dem frühen Tod seines Vaters – erzogen worden war, verkörperte er das Gegenteil des Königs, und dies sowohl was sein Auftreten als auch was seinen Charakter, seine Fortüne

als Herdenbesitzer und seine unendlich leise Art zu reiten betraf. Vielleicht mochte ich ihn deswegen von der ersten Begegnung an. Gewiß war Jan auch sein Freund nur geworden, weil er keinen anderen besaß und weil er sich nie sehen ließ, stets nur eben zu erwischen war.
Escambarla war der Sohn eines Gardians und hatte, wie die Söhne der meisten Gardians, sein Handwerk nicht von seinem Vater, sondern bei einem fremden Manadier erlernt. Verhältnismäßig früh war er zum Baile-Gardian, zum Vertrags- oder Chef-Hirten, aufgestiegen, und die Herdenbesitzer des Deltas hatten ihn seinem Patron abzuwerben versucht. Doch er war diesem treu geblieben. Jahrzehntelang hatte er Groschen und Heller zusammengespart und sich jeweils einen Teil seines Lohnes in Kühen, Kälbern und Stieren ausbezahlen lassen, die in ihrer Herde verblieben waren. Als sein Patron gestorben war und die Erben sich zu zanken begannen, erwarb er, mit des Schwiegersohns Hilfe, noch ein Herdendrittel dazu und verließ als Manadier das Mas de l'Amarée an der Spitze eines Trupps von rund einhundert Stieren, Kühen, Kälbern und Pferden, die er sorgfältig ausgewählt hatte. Er überführte damals nach Lairan den schlechthin aussichtsreichsten Grundstock einer erstklassigen Kampfstierherde, und nicht nur Jan und er selbst sahen seine Zukunft als Herdenbesitzer vielversprechend rosig. Die Welt war in Ordnung. Die während Jahrzehnten gebrachten Opfer lohnten sich. Seine Magengeschwüre heilten ab.
Woran liegt es, daß eine Herde zehn oder zwölf blendende Kampfstiere in nur zwei oder drei Jahren hervorzubringen vermag, und die andere, auf der Nachbarweide, nicht einen einzigen tauglichen Bullen in einem ganzen Jahrzehnt?
Escambarla fütterte schon im zweiten Winter seiner neuen Existenz teueres Heu und zum Beginn der Stierkampfsaison Hafer, Gerste und Mineralsalze. Die Kühe warfen darauf prächtige Kälber. Die Bullen forderten sich unablässig zu Rangkämpfen heraus. In den Arenen des Languedoc und der Provence glänzten die Tiere indessen äußerst selten. Dann mußte Lairan geräumt, für die Herde eine neue Weide gefunden und diese mit den Rindern eines anderen Manadiers geteilt werden. Die Stiere des neuen Partners Escambarlas waren zwar weitherum bekannt und mochten seine eigene Herde blutmäßig günstig beeinflussen. Doch „Carrelet" war im Vergleich mit „Lairan" ein winziger Fleck Erde und bestand teilweise aus aufgegebenen Reisfeldern. Und Carrelet, das wußten wir alle, sollte seiner Herde überdies nur als Zuflucht dienen. Escambarla mußte schnellstens eigenes Pachtland finden.

Für mich und, wie ich vermute, insgeheim auch für Jan, besaß Carrelet dennoch einen besonderen Reiz: die Weidezäune hier waren alt und reparaturbedürftig und das Futter auf der Weide knapp. Kein Monat verging, ohne daß einzelne Stiere oder ganze Rindergruppen ausbrachen und sich im Schilfmeer des Pâty de la Trinité oder zwischen den Herden der Nachbarn verkrochen. Meistens erfuhren wir samstags, beim Manadier- und Gardiantreffen in Arles davon, brachen am Sonntag auf, kamen oft erst am Montagabend zurück und verbrachten den Dienstag und Mittwoch damit, die in den Zaun gebrochenen Lücken mit Drahtresten und Tamariskenknüppeln notdürftig zu schließen. Für einen neuen Zaun oder auch nur Teile eines neuen Gatters fehlte beiden Patrons das Geld.
Und noch etwas begeisterte uns an Carrelet: unsere Ritte dorthin dem Damm am Nordende des Vaccarès entlang, über Steppenteile und durch Sümpfe, die damals bestenfalls von Wilderern begangen wurden. Drei Stunden Einsamkeit, den Mistral im Gesicht oder Nacken, silbern blendende Helle im Blick und haltlose Weite; Hufgepolter, Sattelknarren und Kinnkettengeklingel im Ohr. Dann langten wir an, und der Jagdaufseher bat uns zu einer Tasse heißen Kaffee in die schwarzverrußte Wohnküche des Gehöfts, und wir beglichen unsere Schuld mit den letzten Neuigkeiten aus dem Delta und dem Dorf im Süden. Kaum eine Viertelstunde später umfing uns wieder die Steppe, und wir ritten zu zweit oder zu dritt zum Sammeltreiben und bildeten uns nicht wenig darauf ein, die beiden Herden vollzählig auf der Koppel beim Korral eingeschlossen zu haben, noch bevor Escambarla vor dem Mas vorfuhr und seinen Leibhengst sattelte. Kam er schließlich zum Aussondern in die Herde geritten, so rief er uns schon von weitem zu: „Seid früh aufgestanden, li gardian!" und Jan grinste augenzwinkernd zu mir herüber.
Der Manadier ritt in leisem Schritt mitten in die – in Lairan auf hundertfünfzig Köpfe angewachsene – Stierherde. Jan hielt sie zusammen. Ich wartete in der Koppelecke auf den Leitstier, den der Patron als ersten herüberschicken würde. Nun hielt er in der Herdenmitte an und forderte den Leitstier auf: „Hé, Cailarin! Heeii, veni, vèn!" Der Leitstier (provenzalisch: simbèu), an seiner Schelle von weitem zu erkennen, drängte durch die blauschwarze Leibermasse, sah sich am Herdenrand kurz um, erhielt ein neues „Héhéeeiii!" nachgesandt, worauf er den Rinderverband verließ und zu mir herüber getrottet kam. (Auch dies gab in den Gehöften und Weilern der Camargue immer wieder Anlaß zu Gerede: Escambarla brauchte seine Tiere nur einmal anzurufen, und sie taten, was er wollte!) Dur setzte sich in Bewegung, trat aus dem Weg des Bullen, schlug einen

kleinen Bogen, setzte sich hinter Cailarin, blieb endlich erneut stehen und blickte wieder aufmerksam zur Herde hinüber. Eben ritt dort der Manadier hinter einem Kampfstier her, sachte, leise, nur andeutungsweise, ließ den Bullen kreuz und quer durch die Herde irren, ohne die Haken und Bögen selbst nachzuvollziehen. Dann näherte sich der Stier dem Herdenrand und ein einziger Galoppsprung seitens Escambarlas Schimmel genügte, dem Stier den Rückweg zu verlegen. Jan übernahm ihn ebenso unnachdrücklich leise, ließ Sansnom nur eine Wendung um die Hinterhand treten, machte „héhéeii!" und Dur räumte von neuem seinen Platz, öffnete so dem Bullen den Weg zum Leitstier hinüber.
Neben den nervösen Galoppaden, dem Geschrei und Gepfeife, die das Aussondern von Stieren in nicht wenigen Herden des Deltas begleiten, mußte unsere Arbeit als eine Art Schlafwandel erscheinen. Escambarla wurde oft darauf angesprochen: „Mit meinen Bullen ginge das nicht, das sind keine Lämmer, wie die deinen". Der Manadier grinste jeweils, die Schultern hebend, und ein paar Wochen oder Monate später sonderte er auf die gleiche sanfte Weise jeden beliebigen Stier ebenso mühelos auch aus der Herde des Kritikers. Die Leute schüttelten ungläubig die Schädel. Escambarla ritt Pferde leichter und besser zu, sonderte Rinder müheloser, zeitsparender aus; in seiner Herde trat kaum je eine der Krankheiten auf, die allen anderen zusetzten. Er war fachlich zweifellos einer der besten Gardians und Manadiers der Camargue, obwohl – oder weil? – er dem Bild diametral widersprach, das die Hirten und Herdenbesitzer sich von sich selbst gemacht hatten. Allein in den Arenen – das vermerkte man nicht ohne versteckte Befriedigung – versagten seine Stiere.
Doch ein Frühling brach an und eine Stierkampfsaison begann, in der die Lokalpresse plötzlich mit niegehörten Namen aufmachte, mit „Pougau", „Courtet" und „Criquet", mit den Namen dreier Stiere Escambarlas, die sie endlich sogar zu „Stieren des Jahres" erkor. St. Rémy, Château-Renard, Maillane, Fontvieille, St. Gilles, Montfrin und Beaucaire sahen Herdenwettkämpfe in ihren Arenen, aus denen stets die Herde Escambarlas als Sieger hervorging.
Wir mußten drei Stiere für die „Course" in Fontvieille aussondern: Cailarin, den Leitstier, als Begleiter Pougau, den Star der Herde, und Courtet, seinen Halbbruder. Diese „Course libre", der Stierkampf provenzalischen Rituals, bei dem weißgekleidete „Razeteurs" dem Stier an den Hörnern angebundene weiße Wollglöckchen und ein rotes Schleifchen von der Stirne zu pflücken haben; diese Course also, bei der der Stier weder verletzt, noch getötet wird, war heute einmal mehr als „Concours

de Manades", als Herdenwettkampf, programmiert und stellte die besten beiden Stiere dreier verschiedener Herdenbesitzer einem Dutzend der gewandtesten Razeteurs gegenüber.
Jan und ich hatten die Herde längst zusammengetrieben und auf die Koppel neben dem Bouvau, Korral, gebracht. Wir rutschten aus den Sätteln, vertraten uns die Füße und warteten auf Escambarla. Endlich trug der Wind Motorengeräusch aus der Ferne heran. Jan sagte: „Le Patron". Ich rief: „Der Lastwagen!". Wir kletterten über den Zaun auf die Piste hinaus. Der Stiertransportwagen des Weidepartners kurvte um Schlaglöcher langsam heran, hielt kurz neben uns, fuhr nochmals an und setzte rückwärts an den Ladegang der Koppel. Escambarla war noch immer nicht da. „Qu'est-ce qu'on fait? " fragte Jan. Der Lastwagenfahrer grinste, schob die Baskenmütze auf den Hinterkopf sagte: „Anas, li gardian, oder seid ihr etwa nicht Manns genug, die Toros ohne den Patron auszusondern und zu verladen? "
„Ben!" knurrte Jan, „ich halte die Herde zusammen, du sonderst die Stiere aus!". Ich nickte betont gleichgültig, trat mit jähem Herzklopfen neben meinen Dur, zog die Sattelgurte an, schwang mich auf seinen Rücken, trieb, mit Jans Hilfe, die Herde erneut in der Koppelecke zusammen, ritt langsam weiter zwischen die Leiber. Am gegenüberliegenden Herdenrand, hart am Zaun, trottete Cailarin, der Simbèu. Ich rief ihn an. Er glotzte herüber, trottete weiter, der Koppelecke zu. Ich schnitt ihm andeutungsweise den Weg ab. Er hakte herum. Dur trabte an. Jan rief: „Douçamen!". Cailarin schlug sich den Zaun entlang durch den Herdenverband. Dur und ich lenkten in die Gasse ein, die er vor uns öffnete. Nun warf er sich nach Abend herum. Dur hatte den Haken wohl vorausgeahnt, tat einen einzigen Galoppsprung, und wir befanden uns hart an der Kruppe des Leitstiers, der nun anstandslos hinüberzuckelte in die andere Koppelecke. „Très bien!" rief Jan und lenkte Sansnom zurück, zwischen Cailarin und die Herde. „Sors Pougau!" Insgeheim hielt ich schon seit mehr als einer Minute Ausschau nach Pougau. Ich erkannte den Stier, wenn ich ihn draußen auf der Steppe sah. Nur hier, zwischen den anderen Bullen, verbarg er sich meinem Blick. Jan rief herüber: „Na, auf was wartest du? Los, reite schon! Da steht er ja gerade hinter dir!" Ich wendete Dur auf der Hinterhand und sah mich tatsächlich Pougau gegenüber. Ohne ihn weiter zu beachten, setzte sich Dur in einem engen Bogen hinter den Kampfstier. Ich rief ihn an: „Héhéeei, Pougau, héhéeiii!". Der Bulle trottete geradeaus, versuchte sich dann aber zur Herdenmitte durchzuboxen. Dur machte Miene, ihn von der Herdenseite

her zu überholen. Da brach er nach der Korralseite hin aus. Dur trabte an. Pougau galoppierte an. Jan übernahm ihn und jagte ihn zu Cailarin hinüber. Als er zur Herde zurückgetrabt kam, rief er: „Am meisten Schwierigkeiten wird dir Courtet machen! Verfehle ihn nicht!“ Ich hatte Glück. Courtet ließ sich ebenso leicht aussondern, wie die beiden anderen Stiere.

Der Lastwagenchauffeur hatte inzwischen den Ladegang geöffnet, die Laderampe herabgelassen und öffnete den Verschlag. Wir ließen unsere Pferde versammelt angaloppieren, setzten uns hinter die drei ausgesonderten Bullen, stießen Treiberpfiffe aus und jagten sie in gestrecktem Galopp auf die Ladebrücke des Wagens zu den drei dort bereits angebundenen Stieren des Partners unseres Patrons. Escambarla war noch immer nicht da.

Wir kletterten auf das Dach des Ladekastens, legten uns bäuchlings auf die Planken, fischten mit kurzen dicken Seilschlingen nach den Hornpaaren der Bullen unter uns, sorgsam darauf bedacht, ihren bockenden Ausfällen in unsere Richtung möglichst wenig Angriffsfläche zu bieten. Endlich standen sie fertig angebunden. Nun galt es jedem die rote Cocarde zwischen, und die beiden weißen „Glans“, die Wollglöckchen, mittels dünner Schnüre an den Hörnern festzumachen. Als auch das geschehen war, sagte der Lastwagenfahrer: „Hat keinen Sinn, länger hier herumzustehen! Ich fahre schon mal!“ Und der Wagen rollte ruckend aus dem Tor auf die Piste hinaus. Uns blieb nichts anderes übrig, als die Herde auf die Steppe zurückzuschicken. Wir schwangen uns in die Sättel, trieben sie langsam durch das Gattertor, schlossen es und zuckelten zum Gehöft hinüber. Jan brummte: „Möchte bloß wissen, was mit Escambarla los ist? Sonst ist er doch stets pünklich!“ Als wir beim Stall neben dem Mas ankamen, hörten wir den Lieferwagen des Patrons vor dem Tor der Besitzung bremsen. Jan atmete sichtbar auf: „Bèn, bèn, bèn! Ganz ungeschoren soll er nicht davonkommen!“

Zwei Minuten später hielt Escambarla neben uns, klappte das Wagenfenster auf: „Was ist denn mit euch? Warum sattelt ihr ab?“

„Haben lange genug gewartet! Jetzt haben wir Hunger!“

„Und die Course, Jan? Der Wagen wollte nicht anspringen. Ich mußte die Batterie erst einmal an die Strippe legen! Verdammt nochmal! Ist der Transportwagen etwa auch noch nicht da?“

Jan schüttelte den Schädel, während wir weiter ruhig absattelten, abzäumten, den Pferden auf die Kruppen patschten und sie auf die Weide entließen. Jan öffnete endlich die hintere Wagentüre, bedeutete mir, ein-

zusteigen, setzte sich selbst neben Escambarla, sagte: „Los, auf nach Fontvieille! Die Stiere sind sonst noch vor uns da!"
„Aber, wer hat sie denn ausgesondert? "
„C'est Sa'ko!"
„Eh bèn, chapeau!"
Wir schaukelten durch das Tor auf die Piste hinaus, über Méjanes nach Arles und von Arles nach Fontvieille. Als wir in der Dorfmitte anlangten, setzte eben der Fahrer unsere Stiere rückwärts ans Tor der Arena. Wir holten unsere Tridents aus dem Lieferwagen und betraten damit die Contrepiste, den schmalen Streifen zwischen der roten Barriere der eigentlichen Arena und der Brüstung, welche die Tribüne sichert.
Jahrmarktstimmung herrschte bis auf die letzten Plätze hinauf, obgleich es erst halb zehn Uhr war. Vielleicht hofften die Dörfler, der eine oder andere Stier breche aus oder lege sich mit uns an. Nichts passierte. Wir trieben die Bullen in die Boxen des Stierstalles, schlossen ab und überließen das Wächteramt davor zwei stockbewehrten Kriegsveteranen, die zur Feier des Tages alle ihre Orden an die Hemdbrüste geheftet hatten.
In der Dorfbar trafen wir die Besitzer und die Gardians der beiden Herden, die am Nachmittag mit der unseren konkurrieren sollten: lautes Halloh; wir wurden Langschläfer genannt, mußten eilig die Apéritife nachtrinken, welche die anderen sich bereits genehmigt hatten, und dazwischen immer wieder neugierige Dörfler über unsere Stiere aufklären. Escambarla antwortete eben dem Präsidenten des Stierclubs auf die Frage, ob er auch Pougau mitgebracht habe: „Ehrlich gesagt, ich weiß es nicht! Der dadrüben," er zeigte auf mich, „hat die Toros heute ausgesondert und verladen! Hin und wieder passiert es ihm ja, daß er den einen mit dem anderen Stier verwechselt!" Die Gardians wieherten los. Der Stierclub-Präsident trat vor mich hin und fragte streng; „Wie heißen die Stiere, die du ausgesondert hast? " Ich blickte über seine linke Schulter und sah Jan und einen Manadier mir wilde Zeichen geben. So stellte ich mich eben blöde, zuckte niedergeschlagen mit den Schultern, antwortete: „Excusez-moi, je n'en sais rien! Ich habe ganz einfach die schönsten Stiere ausgewählt! Sie heißen, glaube ich, Pétouset und Roumpepèd!" Die Bar schien in in ihren Fundamenten zu erbeben. Minutenlang keuchten, hechelten, husteten und prusteten sämtliche Anwesenden in immer neuen Lachanfällen. Nur der Stierclub-Präsident machte sich beleidigt aus dem Staub. Nun wollten mir alle zugleich einen doppelten Pastis spendieren, und ich fühlte mich mächtig in Fahrt, als wir die Straße zum Unterdorf hinabschritten, wo wir bei Marius essen sollten.

Wir waren drei Manadiers und fünf Gardians bei allerbester Laune. Der Himmel wölbte sich wolkenlos lichtblau. Der Mistral sang ausnahmsweise einmal piano, trug nur eben Düfte von Thymian, Rosmarin und wilden Lavendel um unsere Nasen: wir waren tatsächlich hungrig. Da erschien Marius auf der Schwelle seiner Auberge, wohl angelockt durch unser ausgelassenes Gelächter, den breitrandigen schwarzen Hut auf dem schweren Schädel, begrüßte uns auf provenzalisch, reimte einen Vierzeiler zusammen und sang einen Refrain dazu. Der älteste Manadier reimte aus dem Stegreif eine Erwiderung hierauf und sang Marius' Refrain weiter, in den wir alle einstimmten. Ich fühlte die Gruppe um mich herum bereit, sich vor Begeisterung in die Arme zu fallen. Selten, so kam es mir vor, hatte ich die Schönheit der provenzalischen Sprache so tief empfunden, wie nun hier, im Vorgarten bei Marius.

Und in das betroffene Schweigen, das sich unversehens ausgebreitet hatte, als ob jeder bereue, sich gehen gelassen zu haben, platzte aus mir ein Vers, den Jan mir erst kürzlich beigebracht hatte: „Tu, Segnour Diéu de ma patrio, que nasquères dins la pastriho, enfioco mi paraulo e douno-me d'alen". Sie lachten verlegen, schlugen auf meine Schultern und schubsten mich vor sich her in die Kühle des Speisesaales, der ein ehemaliges Wohnzimmer war. Ihre Stimmen füllten den Raum bis hinter die Bar, wo Spinngewebe zwischen Flaschen leise zu atmen schienen. Auf drei aneinandergerückten Tischen, durch ein grellrotes Tischtuch in eine Tafel verwandelt, standen Platten mit Hartwurstscheiben, Schinken, Pâté, schwarzen und grünen Oliven und halben, mit Essig und Öl, Knoblauch und Petersilie gefüllten rohen Tomaten. Wir ließen uns auf den Stühlen nieder. Marius entkorkte Weinflaschen. Dann verebbte das Stimmengewirr, machte eifrigem Geklapper von Messern und Gabeln Platz. Ein Glas klang mit einem anderen zusammen. Ein Messer kratzte auf der Aufschnittplatte. Marius schoß alle drei Minuten durch die Verandatüre herein, vergewisserte sich, daß das Schweigen Genießen, nicht Unzufriedenheit war.

Nach dem Gemüsegang gab es Braten. Dann, während wir noch Käsebrocken auf immer kleinere Brotstücke packten, diese in den Mund schoben und mit Rotwein nachspülten, baute sich Marius vor der Tafel auf und stimmte leise ein provenzalisches Schelmenlied an, das von einem Gardian und seiner Braut handelte. Wir klatschten begeistert Applaus.

oben: Magali half uns oft bei der Arbeit mit den Stieren...
unten: L'Arlesienne, die Arlesierin

Aber schon trug Marius eines seiner Gedichte vor, eine Hymne auf den Gardianberuf, die anscheinend während des Vortrags erst fertig wurde. Justin, der Gardian des Partners unseres Patrons, schob seinen Teller zurück, wischte mit dem Mandrücken über den Mund und reimte das Gedicht weiter.

Das rosa Eis, das wir eben noch zu löffeln begonnen hatten, zerfloß. Unsere Weingläser blieben leer. Wir lauschten gebannt den Versen. Obwohl mir viele Feinheiten der provenzalischen Sprache entgingen, glaubte ich, noch nie einem ergreifenderen Dichterwettstreit zugehört zu haben. Nach Justin deklamierte Jan Gedichte. Ich wußte, daß er immer wieder Verse schrieb und daß immer wieder Verse von ihm im „Armana Prouvençau" gedruckt erschienen. Was ich nicht wußte war, daß sie so viel Atem besaßen und dennoch so dicht erschienen und daß man sie zwischen der Zunge und dem Gaumen zergehen lassen mußte, um sie voll auszukosten. Die Gardians und Manadiers taten genau das. Sie hingen an Jans Lippen und sprachen jedes einzelne Wort stimmlos nach, wie ein Gebet. Endlich weckte uns Justin mit einem Spottgedicht aus unserer Versunkenheit. Escambarla antwortete ihm darauf, und nun knallten Geistesblitze wie Tennisbälle hinüber und herüber, und nie blieb ein Wort über der Tafel hängen.

Unvermittelt hieb Escambarla mit der Faust auf den Tisch, die Taschenuhr in der Linken: „Anen, die Course beginnt in zehn Minuten!" Wir schnellten von den Stühlen, drückten eilig Marius die Hand und stelzten aus dem Haus, durch den Vorgarten auf die Straße hinaus, die Lider blinzelnd zusammengekniffen.

In der Arena trampelten, johlten und pfiffen die Dörfler wie besessen. Kein Platz auf der Tribüne war mehr frei. Trotzdem drängten weiter Männer, Burschen, Mädchen und Kinder durch die Schleuse des Türstehers. Wir zwängten uns nacheinander durch eine Mauerscharte in die Contrepiste und wandten uns, bejohlt und bejubelt,dem Toril, dem Stierstall, zu. Da flaute der Lärm ab. Die Feuerwehrmänner hatten sich von der Ehrentribüne erhoben, blanke Musikinstrumente in den Händen. Sie setzten zur Marseillaise an. Jeder versuchte dabei, jeden zu übertönen; die Trompeten scherbten, das Saxophon quäkte, die Pauke kam nicht mit: die Feuerwehrmänner spielten so berückend falsch, daß ihre Musik schließlich im Jubel und Geschrei der Dörfler unterging. Jetzt plärrte eine Fanfare. Das Tor des Torils schlug auf, der erste Stier, einer des Partners

Auf dem Rückweg von Beauduc sprengte Magali plötzlich davon...

unseres Patrons, raste in die Helle, drehte eine Runde im Galopp, stellte sich in der Arenamitte auf und bewarf sich den Leib mit Sand und Staub. Da flankten die Razeteurs in das Rund, stellten sich der Bande entlang auf, wagten die ersten Probeläufe.
Jan und ich drängten derweil Pougau, gebückt über den Stierställen balancierend, aus der Box in den Warteraum. Dann waren die Türen, Weichen ähnlich, so zu stellen, daß der erste Stier aus der Arena zu seinen Herdengenossen zurückfand. Auf den Fanfarenstoß hin, der das Ende der Viertelstunde signalisierte, stieß Jan das Toriltor auf, und der Bulle kam anstandslos hereingetrottet. Auf den dritten Fanfarenstoß hin riß ich das Tor des Warteraumes auf, ließ Pougau das Tridentende auf der Kruppe fühlen. Wie die Ladung aus dem Rohr schoß er in die Arena. Wir stellten die Weichen für seine Rückkehr und den möglichen Gebrauch des Leitstieres, dann setzten wir uns über die Türe, ließen die Stiefel baumeln und sahen der Course zu. Escambarla, gewahrte ich, schlich sich, uns gegenüber, von der Ehrentribüne. Ich stieß Jan an, wies auf den Patron, und Jan knurrte: „Den finden wir frühestens in zwei Stunden wieder!"
Unten, im Rund, pflügte Pougau den Boden. Die Razeteurs setzten über die Bande und stellten sich auf. Der erste lief los, in einem flachen, zum Stier hin gewölbten, Bogen, quer durch die Arena. Der Bulle senkte den Schädel, sowie der weißgekleidete Mann in seine Nähe gelangte, wich jedoch nicht von der Stelle. Ein zweiter raste heran, streckte die Rechte mit dem eisernen Rechen nach der Cocarde aus. Der Bulle senkte erneut die Hörner, schnaufte heftig durch die Nase, begnügte sich jedoch damit, seinen Leib mit Sand zu bewerfen. Nun rannten die Razeteurs von allen Seiten her los, von rechts und links, von schräg hinten und schräg vorne. Pougau beantwortete ihre Angriffe mit unwirschen Hornstößen, blieb jedoch weiter auf der Stelle stehen. Die Razeteurs berieten sich kurz. Einer von ihnen trat in nächster Nähe der Bande in sein Blickfeld, sprang in die Luft, die Arme erhoben, lenkte seine Aufmerksamkeit ab, während die anderen sich anschickten, erneut seinen Schädel anzulaufen. Der erste rannte an, schlug den Rechen in die schwarze Wolle zwischen den Hörnern, durchtrennte die Schnur, an der die Cocarde befestigt war, erhob den Arm mit dem Rechen, um die Tat der Jury anzuzeigen. Da schnellte der Bulle los, jagte den Burschen durch das Rund, holte ihn bis auf Zentimeter ein. Der Razeteur sprang im tatsächlich letzten Augenblick über die rote Bande, eine Zehntelsekunde lang sah es so aus, als ob ihm der Bulle nachsetzte, doch nur sein Schädel gelangte über die Barriere hinaus. „Quel coup de barrière!". Der Jubel rauschte los.

Pougau hakte herum. Ein Razeteur war unvorsichtigerweise bereits losgerannt, befand sich in der Mitte des Runds, der Stier griff ihn augenblicklich an, verfolgte ihn bis hart an die Bande, seine Hornspitzen krachten ins Holz. Der Applaus der Dörfler verdoppelte sich. Von neuem warf sich der Bulle herum, ging nun die Reihe der bereitstehenden Razeteurs an, die flink über die Bande wegflankten. Pougau zog sich in die Arenamitte zurück. Obwohl die Razeteurs ihre nächsten Läufe kaum mit Nachdruck, ja vorsichtigt führten, verfolgte er noch dreimal je einen Mann bis zur Barriere. Dann änderten die Razeteurs ihre Strategie, griffen in schneller Folge an – einer eroberte ein Wollglöckchen, ein zweiter erwischte ein Stück Bindfaden der Cocarde – der Bulle schien einen Moment lang verwirrt. Dann hatte er sich wieder gefaßt, raste einem Läufer nach, ohne sich durch die Schreie des nächsten Angreifers ablenken zu lassen, und brachte den Burschen an der Barriere zum Stolpern. Der faßte sich zwar sogleich, kam dennoch kurz auf die Nase Pougaus zu sitzen, wurde mit Wucht ins Publikum geschleudert und hatte dabei Glück, den Hornspitzen entgangen zu sein.

Auf Pougaus Konto standen, am Ende des viertelstündigen Kampfes, acht Coups de Barrière, acht Verfolgungen bis zur Bande und über diese hinaus, ein kaum erhofftes Ergebnis. Courtet brachte es, als fünfter Stier, auf sechs Coups de Barrière. Kaum hatten wir ihn zu Cailarin und Pougau in die Box zurückgeleitet, sandte mich Jan auf die Suche nach Escambarla.

„Ich verlade die Tiere mit Justin zusammen! Klappere du die Bistrots ab; nicht die nächsten, nur die abgelegensten. Dort findest du ihn am ehesten. Zur Rangverkündigung muß er auf alle Fälle da sein!“

Ich verdrückte mich aus der Arena, lief ins Unterdorf hinab, blickte unterwegs in jede Stehbar, niemand hatte Escambarla gesehen. Als ich am Dorfausgang ankam, fiel mir Marius ein. Ich hatte ihn auf der Tribüne, an seinem breitrandigen Hut des Felibre weithin erkennbar, ausgemacht. Doch sein Lokal hatte er, der Course wegen, bestimmt nicht geschlossen. Schweißüberströmt lief ich quer durch das Unterdorf zurück zu Marius' Auberge. Und hier, im Vorgarten, saß tatsächlich Escambarla vor einem Glas Zitronenwasser. Sowie er mich erblickte, bedeutete er mir, neben ihm Platz zu nehmen. Ich keuchte: „Sie werden gebraucht! Sie haben den Wettkampf bestimmt gewonnen; vierzehn Coups de Barrière! Pougau hat die Cocarde und einen Glan, Courtet einen Glan in den Toril zurückgebracht! Kommen Sie schon, wir müssen uns beeilen!“

„Was soll's? Jan kann den Ehrenpreis ebenso gut in Empfang nehmen. Mich machen die Reporter und ihre stupiden Fragen krank!“

„Quatsch! Sie können das den Dörflern nicht antun. Die warten auf Sie! Kommen Sie!"
Escambarla schüttelte den Schädel: „Hier ist es kühl, und kein Mensch stört meine Siesta!"
„Die Dörfler oben, in der Arena, haben heute auf ihre Siesta verzichtet, um Ihre Stiere zu bejubeln!"
„T'as peut-être raison! Anen! Gehen wir!"
Wir kamen noch rechtzeitig zur Preisverteilung. Als Escambarla die Stufen zur Ehrentribüne hinaufstieg, unterbrachen brausender Applaus, Jubelschrei und Hochrufe die Rede des Stierclub-Präsidenten. Escambarla war es anzusehen, daß er sich im Pfefferland wohler gefühlt hätte als nun hier; doch vielleicht war es gerade dies, was die Dörfler zu immer neuen Ovationen hinriß.
Pougau lief noch eine halbe Saison lang, wie der Stiergott persönlich. Dann begann er, sich launisch zu zeigen. Entweder verteidigte er seine Trophäen mit höchster Bravour, oder er stand in der Mitte der Arena, glotzte ins Publikum, ließ sich von den Razeteurs wehrlos die Glans und Cocarden abnehmen, und selbst Courtet und Criquet, die beiden anderen überdurchschnittlichen Bullen Escambarlas, konnten die Scharte nicht mehr auswetzen. Des Manadiers Abstieg hatte begonnen.
Im folgenden Frühjahr ließ die Regenzeit auf sich warten. In Carrelet wuchs längst kein nahrhafter Halm mehr. Escambarla fütterte seit Wochen Heu und Hafer nach. Trotzdem rissen immer häufiger kleine und mittelgroße Rindergruppen zu den Nachbarn hinüber aus oder ins Schilfmeer des Pâty. Escambarla, Jan und ich befanden uns nahezu fortwährend auf der Stiersuche.
War eine Gruppe aufgespürt, nach Carrelet zurückgetrieben und die Lücke im Zaun verstopft, so galt es einer anderen Gruppe nachzusetzen, die mittlerweile ausgebrochen war. Wir durchkämmten in diesem Frühling mindestens zwei Dutzend Male das Röhricht des Pâty, die Ufer des Vaccarès, die Weiden der Nachbarn und selbst den toten Rhônearm zwischen Carrelet und den „Grandes Cabanes", einen tückischen Streifen Sumpf.
Während des Sommers triumphierte Pougau noch dreimal und lief zehn- oder zwölfmal wie ein blut- und energieloser Ochse. Der Ruhm unserer Herde verblaßte mehr und mehr.
Im Herbst hielt der Patron eines samstags auf der Rückfahrt vom Markt in Arles vor dem Mas di Mouissau. Niedergeschlagen berichtete er, ein Wildhüter aus dem Naturschutzgebiet habe ihn aufgefordert, schnellstens

einen Trupp ausgebrochener Rinder vom Bois de Riège zurückzuholen.
Der Bois de Riège ist ein Archipel kleiner und kleinster, langsam versinkender Inseln vor dem Südufer des Vaccarès, auf denen seltenste Pflanzen und Tiere ein kümmerliches, wenn auch ungestörtes Dasein fristen. Selbst hohe Persönlichkeiten aus der Politik oder Staatsgäste erhielten nur selten die Bewilligung, das Naturschutzgebiet zu betreten. Trotz des Patrons Sorgenfalten begeisterte mich daher der Gedanke, ganz offiziell zum Bois de Riège reiten zu können.
Am nächsten Morgen polterte mich Escambarla um vier Uhr aus dem Schlaf. Ich fuhr in die Kleider, ließ ihn ein, trank eine Tasse schwarzen Kaffees, packte das Sattelzeug in einen Sack, war zum Aufbruch bereit. Der Patron rief: „Vergiß die Cuissardes (bis zur Hüfte reichende Gummistiefel) nicht!“ Wir fuhren los. Dur weidete von neuem in Carrelet zwischen des Patrons Stuten, Jung- und Stierpferden.
Als wir beim Gehöft ankamen, erblühte eben der Tag in Farben einer Intensität, die nur in der Camargue, und selbst hier nur im Spätherbst, im Winter und im frühen Frühling auftritt. Ich fing die Pferde ein: meinen Dur und den Trimar des Patrons, und wir sattelten und zäumten auf, schlüpften in die hüfthohen Gummistiefel, schwangen uns in die Sättel, griffen zu den Hirtenstöcken und trabten quer über die Steppe zum Südwestausgang der Weide. Dann folgten wir über eine Stunde lang dem Damm des Vaccarès nach Abend und bogen schließlich auf die Halbinsel „Mornès“ ein. Diese Halbinsel ist eine Landzunge, die sich weit in den Salzsee hinaus erstreckt und die so den eigentlichen Vaccarès von seinen westlichen Teilen, den Etangs „de Malagroy“ und „des Impériaux“ trennt. Sage ich zudem „Landzunge“, so meine ich in Wirklichkeit Steppenboden, tiefe Erde zwischen sumpfigen Tümpeln, auf der nur Hartgrasbüschel, Salicornien (Alophyten), Anganen und hie und da eine Tamariske wachsen; typische Camargue-Erde somit, die im Sommer unter einer silbernen Salzkruste versiegelt, im Winter knietief überflutet liegt. Wir ließen unsere Pferde in fleißigem Schritt weit ausholen, folgten Stierpfaden bis ans Ufer des Vaccarès, dort dann dem schmalen Streifen Muschelsand, der, eine Art Strand bildend, den Salzsee von der kaum höheren Steppe trennt. Zweimal waren Roubinen zu überwinden, natürliche Kanäle, die zu dieser Jahreszeit nur bodenlosen Schlick führten. Endlich erreichten wir die Spitze der Landzunge. Die Sonne stand links, schräg über uns, begann, uns zu erwärmen, und schon schossen aus der Salzseeoberfläche spitze Funken zwischen unsere Lider. Ohne sich auch nur umzusehen, ritt der Patron ins Wasser. Ich folgte ihm mit drei oder

vier Pferdelängen Abstand. Das Wasser reichte den Schimmeln bis zur Mitte des Röhrbeins, dann stieg es plötzlich bis zum Ellbogengelenk, ließ etwas später erneut die Vorderknie erscheinen. Wir befanden uns nun mitten im See. Die Halbinsel lag zwei Viertelstunden weit hinter uns, der Bois de Riège eine Viertelstunde weit vor uns. Das eintönige Wasserstampfen unserer Pferde, nur hin und wieder vom Gekreisch einiger Möven übertönt, wirkte einschläfernd, obwohl ich mich gleichzeitig innerlich hellwach, ja geradezu, ich wußte nicht auf was, gespannt und gefaßt fühlte. Unversehens – wir hatten den größten Teil des Wasserweges hinter uns – tauchte Trimar vor mir weg. Das Wasser schlug um Escambarlas Brust zusammen. Dann tauchten Kopf und Hals Trimars prustend wieder auf, der Patron zog die Füße hinter den Sattel hoch, beugte sich weit über den Vorderzwiesel: die beiden schwammen. Ich verkürzte vorsichtig Durs Schritte, hob meinerseits die Beine auf seine Kruppe und, als er einen Meter weiter über die Sandschwelle trat, glitten wir lautlos entengleich ins Wasser und schwammen, ohne daß ich dabei nennenswert naß wurde. Zwanzig Meter weiter faßte Trimar Grund, erkletterte ein Unterwasserbord, stapfte von neuem durch kaum kötentiefes Wasser. Wir waren auf dem Archipel des Bois de Riège angelangt, obwohl die Inseln noch über hundert Meter vor uns lagen.

Le Bois de Riège! – Das sind Buchten, knapp einen halben Meter hohe Steilborde und Böden, die von den Wellen unterhöhlt liegen, winzige, allseitsbedrohte „Rasenflächen“ aus kurzem, wenn auch regelmäßig gewachsenem Sandgras; das sind Dschungel aus punischem Wacholder, Rosmaringebüsch und Dünengras unter Schirmen einzelner Pinien, umgestürzte Bäume, entwurzelte Kugelstauden, mit denen die Winde Fußball spielen, vermoderte Stümpfe: Urwald, Urzeit, Urchaos.

Wir ritten einmal rund um die Insel, um Spuren unserer Rinder auszumachen, entdeckten keine, ritten weiter in südöstlicher Richtung, fanden dort nicht mehr, brachen zu einem abgelegenen Teil des Archipels nach Osten auf, wo wiederum keinerlei Spuren zu sehen waren. Kurz nach Mittag ließen wir unsere Schimmel zur ersten Insel zurückstampfen. Escambarla vermutete, wenn überhaupt je Stiere aus Carrelet herübergekommen seien, müßten sie sich im Dschungel der größten Insel verborgen halten.

„Aber die Spuren? “ warf ich ein.

„Die können die Wellen gelöscht haben!“

„Diese Tage tobte weder der Mistral noch der Südsturm!“

„Dennoch treiben sich angeblich meine Rinder hier herum!“

Auf der Insel angekommen, suchten und fanden wir einen Ruheplatz im Schatten einer Pinie, ließen uns aus den Sätteln gleiten, lösten die Sattelgurten, banden die Pferde am Pinienstamm an und legten uns in das kurzhaarige, bleichvergilbte Gras. Sogleich umsummten uns Mückenwolken. Ich rollte eine Zigarette, brannte sie an und beeindruckte damit kaum das lästige Geschmeiß. Escambarla sagte: „In einer Stunde durchkämmen wir die Insel!“ zog den Hut über die Augen und schlief ein. Ich rauchte die Zigarette, drückte die Glut sorgfältig im Sand aus, erhob mich, um zu Fuß die Gegend zu erkunden. Weit kam ich nicht. Obwohl ich Wildwechseln folgte, die von Wildschweinen oder Stieren vor langer Zeit gebahnt erschienen, geriet ich immer wieder nach nur fünfzehn oder zwanzig Metern in undurchdringliches Gestrüpp, Geranke und Geschlinge.

Einmal, ich ließ eben von einem solchen Sackgassenende ab und wandte mich zum Rückgang um, beglotzte mich aus nur zwei Metern Entfernung ein wohl siebzig Zentimeter langes, krokodilartiges Geschöpf von gelbbraungrüner Farbe. Bevor ich es genauer betrachten konnte, wieselte es davon, glich nun einer Rieseneidechse, und ich setzte ihm neugierig nach. Kaum aber war ich ihm auf einen Meter nahegekommen, schnellte es unversehens – mich gehörig erschreckend – herum, riß einen Rachen auf, in dem ein Hühnerei Platz gefunden hätte und verlor mich nicht aus dem lauernden Blick. Ich trat noch einen kleinen Schritt näher. Da fuhr es – zischend, wie mir schien – herum und mit schlangenhafter Behendigkeit unter ein Gebüsch am Wegrand.

Wir sattelten nach, schwangen uns auf die Pferde, der Patron bedeutete mir, nach Südwesten zu reiten. Er selbst trabte nach Norden davon. Ich hatte scheinbar die leichter überschaubare Gegend erwischt. Der dichte Dschungel machte allmählich Busch- und Baumgruppen Platz, die nur lose zusammenhingen. Dur trabte fleißig kurz. Absichtslos gerieten wir von Süden her in ein beinahe perfektes Rund aus Büschen und Dickicht, ich dem ich Rindermist entdeckte. Ich sprang aus dem Sattel, zertrat den Mist; er mochte vierzehn Tage oder drei Wochen alt sein. Vor vierzehn Tagen aber hatte unsere Herde ausnahmsweise einmal vollzählig in Carrelet geweidet. Wir trabten weiter, brachen durch eine Lücke im Dickicht, die von Rindern gebahnt sein konnte, obgleich sich im Sand keine Spuren fanden. Über den Vorderzwiesel des Sattels gebeugt, ritt ich nun, den Blick auf den Boden geheftet, weiter nach Westen, bog darauf nach Nordwesten ab, und plötzlich stellte Dur seine Ohren in die Brise, fiel in Schritt, hielt an. Ich lauschte angestrengt zu einer Gebüschgruppe, schräg vor uns, hinüber. Wir standen im Wind. Dennoch vernahm ich keinen außergewöhnlichen Laut. Doch Dur starrte weiter unverwandt hinüber. Ich ritt ihn an. Er fiel sogleich in Galopp. Wir näherten uns rasch dem Dickicht aus punischem Wacholder. Nun regte sich da etwas deutlich, brach vernehmbar trockene Äste, trottete auf der anderen Seite davon.

Wir flogen um das Gebüsch herum. Hundert Meter vor uns trollten sich zwei Kühe und ein Kalb. Ich stieß in rascher Folge Treiberpfiffe aus, lockte laut: „Veni, Vèn!" in die Brise, schloß allmählich auf. Die Kühe glänzten guternährt. Aus ihren angstvoll abrupten Bewegungen und dem mißtrauischen Glotzen schloß ich, sie hielten sich hier wohl schon seit einigen Monaten auf. Dur fiel in Schritt. Wir mußten Escambarla Zeit lassen, den Norden der Insel durchzukämmen und womöglich anderweitig versteckten Rindern die Gelegenheit geben, zu den Kühen zu stoßen. Immer wieder lockte ich ins Gebüsch. Eine halbe Stunde später erreichten wir den Ort, an dem wir heute früh dem Salzsee erstmals entstiegen waren. Dur hielt an. Ich drehte eine Zigarette, brannte sie an. Die Kühe waren vor uns am Ufer stehen geblieben. Das Kalb weidete friedlich zwischen ihnen. Zwanzig Minuten verstrichen. Ich war abgesessen und hatte mich ins Gras gelegt. Endlich sah ich Escambarla im Südwesten durch eine Buschgruppe brechen. Er trabte an und langte wenig später neben Dur und mir an. „C'est tout? " fragte er, mit dem Kinn auf die Kühe deutend. Ich nickte. Er sagte: „Die gehören unserem Nachbar im Westen!" Ich nickte wieder: „Sind wohl schon seit Monaten hier!"

„Aber dieser Quatschkopf von Wildhüter läßt nicht den Nachbar, sondern uns herüberkommen! Der wird von mir hören! Los, reite voraus! Möglichst in den Spuren von heute morgen! Va, zeige den Kühen den Weg!"

Ich schwang mich in den Sattel zurück, ritt zum Ufer und, als ich auf unsere Spuren stieß, ins Wasser und lockte die Rinder. Dann hörte ich Escambarla die Kühe antreiben. Ich konnte mich erneut dem einschläfernden Rhythmus der wasserstampfenden Hufe anvertrauen.

Drei Stunden später schlossen wir die Tiere auf der Weide des Nachbars ein und ritten nach Carrelet weiter. Als wir vor dem Gehöft absattelten, knurrte der Patron: „Wo, zum Teufel, stecken bloß meine vierzehn Rinder? " und an mich gewandt: „Dienstag suchen wir sie nochmals im Pâty. Ich hole dich um halb fünf Uhr ab!"

Escambarla kam nicht. Sein Weidepartner war am Montag nach Saintes Maries gekommen, ihn aufzufordern, endlich eine andere Weide für seine

Rinder zu finden. Montagnachts hatte er wieder Magenbluten. Am Donnerstag ritten Jan und ich auf die Stiersuche und kehrten am Freitagabend ergebnislos zurück. Escambarlas Herde blieb noch einen Winter lang in Carrelet.

Im Frühling kündete der Patron eines Abends beim Apéritif in der Dorfbar an: „Wir müssen die einjährigen Kälber markieren, bevor ich aus Carrelet weg muß!“ Jan nickte und fügte an: „Und die Zweijährigen, die während der letzten Ferrade im Pâty steckten!“ Der Patron grinste verlegen: „Und wenn ihr dann noch nicht genug habt, markieren wir auch noch die beiden Dreijährigen! Eines verspreche ich euch: zu dieser Ferrade werden keine Touristen geladen; nur unsere besten Freunde! Und anschließend gibt's eine Bouillabaisse, drüben, in der Cabane!“

Samstag! Wir sattelten unsere Pferde in Carrelet: Jan seinen Sansnom, Hubert seinen Porthos, der Patron Trimar, ich meinen Dur, Henri seinen Junghengst. Wir waren sonntäglich herausgeputzt, obwohl uns harte Arbeit bevorstand. Escambarla sollte eine Ferrade kriegen, wie es ähnliche allmählich im ganzen Delta nicht mehr gab.

Wir ritten im Schritt zum Sammeltreiben, kampierten heute die Herde jedoch – statt auf der Koppel beim Korral – auf der offenen Weide in der Nähe der Westgrenze. Der Wildhüter unterhielt inzwischen das bereits seit Sonnenaufgang lodernde Feuer neben dem Bouvau, in dem das schmiedeeiserne Brandzeichen glühte. Nun ritt Escambarla in die Herde und sonderte den ersten Jungstier aus, ein „Anouble“, ein einjähriges Kalb. Sowie es sich aus dem Herdenverband löste, übernahmen es Jan, Hubert und ich und trieben es im Galopp auf das wohl vierhundert Meter entfernte Feuer zu. Im letzten Drittel der Strecke warf sich das Tier plötzlich herum und entkam auf die ehemaligen Reisfelder. Wir setzten ihm nach. Dur flog über die Bewässerungskanäle. Jan brach mit Sansnom durch Tamariskengestrüpp. Wir holten den Jungstier gemeinsam ein und bogen seinen Lauf zum Feuer hin zurück. Hubert versperrte ihm den Weg zur Herde. In voller Karriere setzten wir über einen Damm und zwei Kanäle, befanden uns nur noch in Steinwurfweite vom Feuer entfernt, holten weiter auf, keilten den Jährling zwischen unseren Pferden ein. Schon hatte ihn Jan beim linken Horn erwischt, bremste, ich packte sein rechtes Horn und, als er zu bocken begann und wir die Pferde durchparierten, blieb uns nichts anderes übrig, als seine Vorhand vom Boden zu heben.

Henri und sein Gardian kamen mit Seilen gelaufen, knoteten zwei Schlingen um sein Hörnerpaar. Hubert war aus dem Sattel gesprungen

und hielt den Schwanz des Jungen gepackt. Jan und ich ließen los und brachten unsere Pferde aus der Reichweite der Hörnerspitzen. Die anderen führten das bockende Kalb an den gespannten Seilen zwischen sich haltend zum Feuer und stürzten es auf seine rechte Seite um. Jan sprang aus dem Sattel. Hubert fesselte dem Rind die Hinterläufe zusammen und zog sie nach hinten weg. Der Gardian Henris saß auf dem Brustkorb des Kalbes und hielt seinen Schädel mit beiden Fäusten so auf der Erde fest, daß die Hornspitzen sich in den Boden bohrten. Jan hatte das glühende Brandeisen aus dem Feuer genommen, kam damit zum Kalb zurück, zielte auf die Mitte der linken Hinterbacke: ein dichter Schwaden gelblichgrauen Rauches hüllte kurz das Eisen ein, der Jungstier brüllte auf, bockte in seinen Fesseln, Jan schob das Eisen in die Glut zurück, zückte sein Gardianmesser, kniete neben dem Kopf des Tieres in den Sand und trennte mit je zwei schnellen Schnitten ein fünffrankenstückgroßes Dreieck aus jedem Ohr; brachte damit die „Escoussures“, die für Escambarlas Herde charakteristischen Ohrmarkierungen an.
Henri und Hubert lösten die Fesseln der Vorder- und Hinterläufe und die Schlingen vom Hornpaar, schwangen sich eilig in die Sättel ihrer Pferde, während Henris Gardian das Rind sich erheben ließ, der Wildhüter sich auf die Korralumzäumung in Sicherheit brachte und wir Reiter das Kalb zu locken begannen. Der Gardian ließ das Tier los, sowie er dessen Kopf und Vorhand in Herdenrichtung gedreht hatte; das Anouble preschte davon und folgte uns anstandslos zur schwarzen Leibermasse hinüber. Nur zwei oder drei Minuten später übernahmen wir das nächste zu markierende Kalb.
Nach den Jährlingen kamen die „Doublen“, die Zweijährigen, an die Reihe, die, weit kräftiger und größer, uns hart zu schaffen machten. Der dritte Doublen begann, bereits im ersten Drittel des Weges zum Feuer, zu bocken. Ununterbrochen versuchte er – einmal nach Norden, einmal nach Süden – auszubrechen und wollte nur nicht nach Osten getrieben werden. Wir hielten uns ihm in kurzem Galopp so nahe, wie er uns herankommen ließ, ohne gleich der Panik zu verfallen. Noch waren zweihundertfünfzig Meter bis zum Korral zurückzulegen. Jan stieß Treiberpfiffe aus. Kam der Zweijährige beim Feuer nicht etwas ermüdet an, so hatten wir darauf um so mehr Mühe, zu Fuß mit ihm fertig zu werden. Der Jungstier verlängerte seine Sprünge, hakte unversehens nach Norden herum. Hubert schnitt ihm den Weg ab, mußte Porthos jedoch mächtig ausgreifen lassen, um das Rind nach Südosten zurückzutreiben. Dann waren wir erneut am Stier. Vorn links galoppierte Hubert, gleich hinter

ihm Jan, direkt hinter dem Rind Henri. Rechts, auf gleicher Höhe mit dem Doublen, ließ ich Dur ausgreifen. Der Stier schien fest zwischen uns eingekeilt. Wir flogen dahin, über krachende Salzkrusten, schmatzende, lehmige Tiefböden, silberweiße Steppe und abgekohlte Spitzgraßtöcke. Die ersten Tamarisken tauchten auf. Nun hatten wir das Rind zu bremsen, ritten näher heran, nur Henri parierte durch. Ich geriet in die Höhe des Rinderkopfes, versuchte, das rechte Horn zu packen. Da rammte der Stier aus vollem Lauf die Vorderklauen in den Boden, stand eine Zehntelsekunde lang, um sein Gleichgewicht ringend, warf sich herum und raste knapp hinter der Kruppe Durs vorüber geradenwegs auf den Weidezaun (1,60 m hoch) zu. Dur war seinerseits herumgehakt und trachtete danach, erneut von rechts an ihn heranzukommen. Jan brüllte: „Attendez! Treibt ihn nicht mehr an, sonst springt er." Der Jungstier hatte den Zaun erreicht, zum Sprung angesetzt und war tatsächlich, nur den obersten Draht leicht anreißend, über den Zaun entkommen. Nun raste er draußen der Piste entlang ostwärts. Wir preschten zum Tor. Jan riß es auf und konnte den Stier eben noch durch den offenen Drahtverhau jenseits der Straße auf die zu Carrelet gehörende Winterweide treiben. Ohne sich umzusehen, raste er dem Tier nach. Dieses schlug Haken und Bögen, und wir flogen Jan zu Hilfe. Der Stier hörte uns wohl heranpoltern. Erneut preschte er geradeaus nach Südwesten. Jan trieb Sansnom an. Langsam aber sicher gewann der Wallach an Boden. Einmal holte er das Rind beinahe ein. Doch da warf es sich im letzten Augenblick mitten in das „Trou d'or", in einen runden Tümpel, der für seine Bodenlosigkeit berüchtigt war. Jan schien daran nicht zu denken und setzte ihm mit einem weiten Sprung nach.
Als wir unsere Pferde am Ufer durchparierten, hatte Jan bereits seinen Seden vom Sattel geschnallt und dem Stier die Schlinge um die Hörner geworfen. Sansnom, über und über mit Schlamm und Morast beklascht, zog an, bäumte sich vor Anstrengung, und Jan brüllte uns zu, die Sedens bereit zu halten. Sowie Sansnom das Ufer erkletterte, der Jungstier sich aber noch gegen den breiigzähen Sog des Tümpelgrundes wehrte, warfen wir unsere Schlingen: sie klatschten ins Wasser oder verfingen sich an nur einem Horn. Wir holten sie ein und warfen erneut. Das Jungrind sank inzwischen tiefer und tiefer. Endlich zogen sich zwei Schlingen um seine Hörner zusammen, unsere Pferde legten sich ins Zeug und das Rind tat einen verzweifelten Karpfensprung vorwärts und noch einen, erreichte die Uferböschung, satzte auf den Weideboden herauf, griff den ersten besten Reiter an: Hubert. Wir schwärmten aus und hielten es an den

beiden gespannten Seilen zwischen uns, während wir im Galopp über die Weide zum Feuer fegten. Der Wildhüter und der Gardian Henris nahmen es uns ab, warfen es um, hielten es am Boden fest. Jan markierte es.
Es war ein Uhr mittags, als wir mit den Doublen fertig wurden. Unsere Mägen knurrten längst. Escambarla indessen ritt leise grinsend in die Herde zurück und begann, einen kleinen Stiertrupp auszusondern, der aus dem Simbèu und einigen Ternen, Dreijährigen, bestand; unter ihnen befanden sich zwei, die noch nicht markiert waren. Sowie er die sieben Tiere beisammen hatte – Henri und Jan hatten die Herde zusammengehalten, Hubert, Henris Gardian und ich den Trupp der ausgesonderten Rinder – kamen der Patron, Henri und Jan herübergaloppiert, und wir trieben die Stiergruppe quer über die Weide und schlossen sie auf der Koppel beim Bouvau ein. Nun ging es ans Aussondern der beiden nicht markierten Dreijährigen, die sich von ausgewachsenen Kampfstieren nur durch fünfzig oder sechzig Kilo weniger Gewicht unterschieden: mir tropfte es kalt aus der Achselhöhle, dachte ich daran, daß auch sie umzuwerfen und zu markieren waren. Dennoch trieben wir sie, die sie sich schon beim Aussondern tückisch und gefährlich gezeigt hatten, in den Korral, verriegelten das Tor, ritten unsere Pferde in Tamariskenschatten, banden sie dort an, kehrten mit unseren Sedens zum Bouvau zurück. Jan kletterte auf die Korralumzäumung, ließ die Lassonschlinge kreisen, warf sie nach dem einen Stier, und sie zog sich um dessen Hörner zusammen. Wir stürzten uns auf das Lassoende, wanden es einmal um einen Querbalken und zogen den Bullen Schritt für Schritt zu uns heran. Als er mit dem Schädel dicht an der Brüstung stand, verknoteten wir den Seden und Jan ging daran, den zweiten Bullen auf die gleiche Weise einzufangen. Schließlich standen beide angebunden, bockten immer wieder heftig gegen das Seil, ließen die Hornspitzen in die Korralbalken krachen, während wir versuchten, ihnen Schlingen um die Hinter- und Vorderklauen zu werfen.
Der erste Stier stand gefesselt. Wir wollten ihn eben umwerfen, als er aus einem verzweifelten Bocksprung stolperte und von selbst hinfiel – auf die falsche Seite. Seine Fesseln mußten gelöst, die Schlingen entfernt werden, wir ließen ihn sich erheben und begannen dann erneut, nach seinen Beinpaaren zu werfen. Keiner blieb dabei unverletzt. Jan trug einen Hornstich in den rechten Vorderarm davon. Hubert brach der Bulle durch einen Schlag nahezu ein Schienbein, Henris Gardian brachte die rechte Hand zwischen eine Sedenwindung und den Balken darunter, so daß das Seil seinen Mittelhandknochen freilegte. Mich erwischte der

zweite Bulle mit dem Horn am linken Oberarm. Hatten wir am Morgen rund sechs Stunden gebraucht, um elf Anoubles und Doublens zu markieren, so hielten uns die beiden Ternens an diesem Nachmittag allein zweieinhalb Stunden auf. Endlich waren sie dennoch markiert und an den Ohren beschnitten, und wir fuhren in des Patrons Lieferwagen ins Dorf zurück und dort zur Cabane, in der Escambarlas Tochter, weitherum als Bouillabaisse-Köchin berühmt, die Fischsuppe seit Stunden zornig warmhielt.
Kaum hatten wir den ersten Hunger gestillt, kaum waren die ersten Weinflaschen geleert, glaubte ich mich unversehens zu Marius nach Fontvieille zurückversetzt. Escambarla hielt auf provenzalisch eine Rede, Henri antwortete ihm, ein befreundeter Manadier ergriff das Wort und Jan trug wieder Verse vor, während wir uns weiter an die Fische aus der Bouillabaisse hielten, an den Wein und aßen und tranken und redeten und sangen. Unmerklich glitt der Nachmittag in den Abend hinüber. Escambarla hatte sein Notizbuch gezückt und grübelte über Namen, die er den dreizehn heute markierten Jungrindern verleihen wollte. Wir trugen Geistesblitze bei. Da trafen drei Zigeuner und die Großnichte Escambarlas ein. Flamencos tropften erst versuchsweise scheu aus den Guitarren. Eine heisere Stimme modulierte leise Nostalgien. Mädchenhände patschten Takt. Wir schoben den Tisch an die Wand und lehnten uns, auf dem Boden sitzend, an den Kaminsockel. Das Stimmengewirr wich einzelnen Scherzen und verebbte allmählich mit dem Anschwellen der Flamencoklänge.
Später fanden sich noch einige Stammkunden aus der Verleihstation ein, vor allem Mädchen, die Jan eingeladen hatte. Ich saß neben Escambarlas Großnichte und hatte nichts dagegen, daß man zusammenrücken mußte. Die Müdigkeit, oder war es die harte Sonne des Tages, der Wein des Abends, die Gegenwart Magalis, oder waren es gar nur die präzisen strengen Takte der Flamencos, die heiser klagenden Stimmen der Sänger, die mich plötzlich entrückten in unendlich dichte, unendlich lastende Einsamkeit, in eine Verlorenheit, die Escambarla und Jan, ihre Freunde, die Zigeuner, Henri und Magali, besonders Magali, mit einschloß? Die Kaminflammen projezierten Lichtzungenschläge in die Gesichter aller, unterstrichen oder schwächten die Härte des Flamencogeratters, und die Stimme des Solosängers hielt uns den Atem an: lustvolles Untergehen in einsamer Geborgenheit.
Magali rüttelte mich – vermutlich seit Minuten – an der Schulter, als ich endlich erwachte. Der Traum war ausgeträumt. Die Cabane lag in

menschenleerem Halbdunkel. Jan und Magali und die Tochter Escambarlas räumten den Tisch ab, lachten mich aus, als ich mich schwankend und gähnend erhob. Es war zwei Uhr morgens. Jan warf mir aus der Küche einen Besen zu.

MAGALI

„O Magali, ma tant amado,
Mete la tèsto au fenestroun!
Escouto un pau aquesto aubado
De tambourin e de viòuloun.

O Magali, se tu te fas
La souleiado,
Lou verd limbert ièu me farai,
E te béurai!

O Magali, se tu te fas
Luno sereno,
Ièu bello nèblo me farai
T'acatarai."

(aus F. Mistrals „Mireio", C. tresen)

Il n'en était rien!

In der Arena von Saintes Maries de la Mer, anläßlich eines Gardianfestes, begegnete ich ihr zum ersten Mal. Man hatte – offenbar weil es die immer zahlreicheren Touristen erwarteten – die „uralte Camargue-Folklore" wiederentdeckt, entstaubt, renoviert, dem Sensationsbedürfnis des Publikums angepaßt, kleidete sich öfter sonntäglich, trug statt der Baskenmütze nun auch im Winter den Hut, veranstaltete Sonnenwendfeiern, Umzüge und Jeux de Gardians, Gardianspiele. Jan weigerte sich mitzumachen. Dies jedenfalls bis zum Tag, an dem irgendein hundertster Geburts- oder Sterbetag festlich zu begehen war und eine Mädchen-Trachtengruppe Gardians mit sicheren Pferden suchte, um sich von ihnen in die Arena geleiten zu lassen. Escambarla – selbst Festen und Feiern abhold – überredete Jan, seiner Großnichte die Kruppe eines Pferdes zu leihen. „Reitest du mit? “ fragte mich Jan. Ich schüttelte den Kopf. Jan sagte: „Dann reite ich auch nicht!“ Escambarla widersprach: „Doch, Sa’ko reitet! Er hat bei den Gardianspielen Gelegenheit zu zeigen, was sein Dur hinzugelernt hat!“ Jan boxte mich in den Rücken: „Bèn, anarai!“

Wir ritten im Schritt in den Vorhof der Arena, wo bereits ein gutes Dutzend Gardians und Manadiers mit ihren Pferden warteten. Jan ließ sich aus dem Sattel gleiten, schritt von Gruppe zu Gruppe, schüttelte Hände, wechselte Scherze. Ich hielt die Zügel Reboussiers und Durs in den Händen und unterhielt mich mit Robert über die Stiere, die an diesem Nachmittag laufen sollten. Da fuhr draußen ein Omnibus vor, und gleich darauf kamen die Mädchen im Arlesierkostüm in den Vorhof gestöckelt: weite rosa Röcke aus schwerer Seide bis zum Boden, goldfarbene, grüne, blaue, violette, schwarze; dazu passende reichbestickte Brust- und Schultertücher, von goldenen und silbernen Fibeln, Ketten, Schnüren zusammengehalten; weiße Söckchen in schwarzen oder weißen Seidenschuhen; kunstvolle Haartürmchen, eingefaßt in buntgrundierte Brokatborten; ein Anblick, der noch die finsterste Seele milde stimmen mußte. Mein Blick überflog die Mädchenschar mehrmals, blieb hier an einem Gesicht, dort an einem Brusttuch hängen, sah sich nicht satt, schweifte weiter und – schlug unversehens zu Boden.

Ein Mädchen war neben Jan getreten. Er küßte es nach Landessitte auf beide Wangen. Dann drehten sie sich nach den Pferden um, sprachen wohl über Reboussier, das Mädchengesicht lächelte, und in diesem Moment verirrte sich mein Blick unwillkürlich zwischen den groben Schotter des Hofes. Weder Robert noch die anderen Mädchen, noch der Gardian, der mir eben auf die Schulter hieb, existierten mehr.

Im Zeitlupentempo, wie mir schien, ging ich, wie über Watte, zu Jan und dem Mädchen hinüber, die Pferde an der Hand. Es war nicht ich, der da ging, war auch kein anderer. Ich blieb vor den beiden stehen, hörte, wie aus weiter Ferne, Jans Stimme: „Je te présente Sa’ko! – Voilà Magali!“ reichte und empfing keine Hand zum Gruß, stand, glotzte wohl, stand und glotzte, bis mir Jan die Zügel Reboussiers aus der Hand nahm und Magali half, auf der Kruppe seines Schimmelhengstes Platz zu nehmen. Dann thronte sie da im Damensitz, hatte den nachtblauen, schillernden Rock bis zum Schweifansatz Reboussiers ausgebreitet; Jan saß auf, ich schwang mich auf den Rücken Durs, und wir ritten Seite an Seite in das Rund der Arena.

Angeblich schlug ich mich an diesem Sonntag im Kampf um einen Strauß

Saladelles – um einen Strauß jenes Gardian- oder Gespensterkrauts, das die Steppen der Camague im Frühherbst rosalila verschleiert – wie um mein Leben, erhielt beim Einsammeln der von Trachtenmädchen dargebotenen Orangen im Galopp den stärksten Applaus, weil Dur anscheinend zwischen den Stationen in voller Karriere ausgriff, um kurz vor dem nächsten Mädchen behutsam auf der Stelle zu galoppieren. Ich erinnere mich dessen kaum. Ich sah oder suchte und fand nur die Augen Magalis, und Jan sagte erst beim Abendessen und da selbst ausnahmsweise ernst: „Was nicht zu kriegen ist, ist nicht zu kriegen!" und mir schien, als hätte ich ihm diesen Satz bereits einmal widerlegt.

Wer den Mädchentyp der echten Arlesierin nicht kennt, wird kaum verstehen, weshalb seit Jahrhunderten so viele Burschen und Männer, berühmte und unbekannte, seiner Schönheit und seines Wesens wegen in Ekstase geraten sind. L'Arlesienne...!

Sie ist klein bis mittelgroß, spreuleicht, neigt zu späterer Vollschlankheit, was sie früh schon vollendet gewachsen erscheinen läßt. Sie trägt viel Stolz im langen Nacken, besitzt ein rundes Gesicht mit leicht schräg stehenden dunkelbraunen bis kohlschwarzen Mandelaugen, eine kleine Nase, einen kleinen Mund, langes dunkles Haar, schlanke Arme und etwas kurze Hände. Ihr Wesen ist Zurückhaltung um jeden Preis, wenn auch verheißungsreiche Zurückhaltung, Natürlichkeit und Leben. Sie lacht viel und schweigt viel und weiß dabei, was sie will. Magali war der Inbegriff einer Arlesierin; Magali était l'Arlesienne.

Keine vierzehn Tage nach unserer ersten Begegnung kam Escambarla eines Morgens zum Überzählen der Rinder mit ihr angeritten. Mir wollte das Herz stehenbleiben. Jan und ich hatten die Herde mitten auf der Weide zusammengetrieben und hockten, auf unsere Tridents gestützt, jeder an einer Herdenflanke, regungslos im Sattel. Escambarla winkte und trabte an. Magali tat es ihm nach. Sie saß nicht eben fest auf ihrem Schimmel, schien jedoch auch keine ganz grüne Anfängerin mehr zu sein. Ich atmete unwillkürlich auf. Dann hoben wir, ungefähr gleichzeitig, die Hände zum Gruß. Magali parierte ihren Schimmel neben Jan durch. Escambarla wechselte einige Worte mit ihm und ritt mitten zwischen die schwarzen Leiber.

Vor seiner Rückfahrt, später, ins Dorf, sagte er, sich an Jan wendend: „Magali zieht nach Saintes Maries um! Kümmere dich doch ein bißchen um ihre reiterlichen Fortschritte! Salut, li gardian!"

Gabian

Auf unserem Heimritt am Abend wagte ich, Jan einen Einfall mitzuteilen, den ich kurz nach Magalis Abfahrt gehabt und beim Zäuneausbessern am Nachmittag weitergesponnen hatte: „Escouto, Jan! Magali kommt in die Station zum Reiten! Laß' mich sie begleiten, bitte!" Jan schüttelte nachdenklich den Kopf: „Non, vieux! Du bist in sie verknallt, ça crève les yeux. Ich kann nicht dulden, daß... coumprene... sie ist verlobt!"

„Verlobt?" Jan lachte laut auf, trieb Sansnom vom Damm auf den schmalen Rinderpfad längs der Roubine hinab und trabte an.

Verlobt? – War Magali verlobt? – Quatsch! Jan spaßte!

Magali zog in unser Dorf um, bewohnte beim Schreiner, ihrem Onkel, eine Kammer, kaum in Rufweite der Pferdestation, bediente untertags im Laden der Schreinerfrau und lachte jedesmal freundlicher, kaufte ich bei ihr ein. Oft auch traf ich sie in der näheren und weiteren Umgebung des Dorfes, in die sie anscheinend regelmäßig Fußwanderungen unternahm. Leider hinderten mich jeweils die Reitkunden daran, mehr denn einige belanglose Redewendungen mit ihr auszutauschen. Und Jan ließ mich tatsächlich nie ihre Ausritte führen.

Wochen verstrichen. Eines Abends begleitete ich ein paar Kunden vom letzten Ritt zur Station zurück, als ich Magali zu Fuß durch die Dünen stapfen sah, offenbar auf dem Weg zur Mündung der Kleinen Rhône. Ich hatte es nun eilig, trieb die Kunden an, sattelte im Hof der Station die Pferde schneller denn je ab, brachte die Mietpferde auf die Weide, verabschiedete mich von Jan und ritt zum Mas di Mouissau zurück: über die längere Route, an der Mündung der Kleinen Rhône vorbei. Sowie ich den Strand erreichte, schob ich Dur in Galopp. Er kannte den Weg, wußte daß es sich dabei um den heimweg handelte, flitzte dahin, ohne daß ich ihn anzutreiben hatte. Unversehens – ich weiß nicht, was mich anwandelte – stieß ein Jauchzer aus meiner Kehle, ein Schrei zwischen Gelächter und Indianergeheul, und da erhob sich zwischen zwei Dünen Magali, die Person auf Erden, in deren Augen ich am wenigsten lächerlich dastehen wollte. Aus Scham ließ ich Dur an ihr vorüberpreschen, tat, als hätte ich sie nicht gesehen. Doch jäh klang mir ihre dunkelklare Stimme nach: „Sa'ko, Sa'ko!" Dur hakte herum, trabte zu ihr zurück, hielt vor ihr an. Sie grüßte: „Bonsoir!"

„'soir, Magali!"

„Toller Abend, heute, hein?" Sie lachte verlegen. „Vorhin hab' ich mich

Zum letzten Mal traf ich Jean-Louis an einem Samstag in Arles...

dabei erwischt, wie ich vor Begeisterung brüllte!" Quoi? Hätte sie wirklich geschrien, ging es mir durch den Kopf, so hätte ich sie hören müssen. Ich sprang aus dem Sattel: „T'es adorable, Magali!" Sie schlug den Blick nieder, streckte mir ihre halbgeöffnete Linke hin: „Schau, was ich gefunden habe!" Ich klaubte eine kleine dunkelbraune Kupferscheibe aus ihrem Handteller, musterte sie betont gewissenschaft, sagte schließlich mit jener falschen Endgültigkeit der Sachverständigen: „Eine Münze! Da ist noch ein Kindskopf zu erkennen, ja, sogar die Jahreszahl 1643 und hier die Inschrift ‚Ludovicus Rex' und eine römische Vierzehn!"

„C'est vrai!" Sie nahm mir die Münze unendlich behutsam aus den Fingern, ließ sich auf die Knie nieder, begann, oberflächlich im Sand zu wischen. Fünf Minuten Schweigen – oder waren es zehn oder die Ewigkeit? Unversehens kroch, würgte, flüsterte es aus meinem Mund: „Ma-ga-li!"

„Pssss... Namen soll man nur beten, wenn es einem ernst damit ist"

„Mais je... mir ist es... ich..."

„Pssss... Ich bin verlobt! Auch muß ich heim! Es ist schon spät!"

Gut also, Magali war tatsächlich verlobt! Was änderte das aber an diesem wahnwitzigen Herzklopfen oder Herzversagen, wann immer ich ihr begegnete?

Im Spätherbst berichtete Escambarla eines Abends in der Bar: „Jan, ich und du sind eingeladen, an der Abrivado am elften November teilzunehmen! Hast du morgen nichts Besseres zu tun, so könntest du mir Trimar aus Carrelet herholen! Das Sattelzeug habe ich schon hier!" Ich nickte. Der Patron trank mir zu und grinste über das Glas hinweg: „Nimm Magali mit! Reitet in der Frühe los, dann könnt ihr am frühen Nachmittag zurück sein!"

Wir brachen kurz vor neun Uhr auf. Magali ritt Camisard, einen kleinen fleißigen Wallach der Station, ich meinen Dur. Magalis Tante hatte Hartwurst, hartgekochte Eier, Oliven und Brot in den Saquetoun, in den Hafersack, gepackt. Wir schlugen die Kragen unserer Windjacken hoch und trabten schweigend nach Norden. Der Himmel hing verschleiert, obwohl hie und da die Sonne erahnbar wurde. Ringsum lag die Steppe knöcheltief überschwemmt. Dennoch mieden wir die Straße, öffneten und schlossen Drahtportale zu Stierweiden, trabten weiter. Häßlich kreischend zogen Möven über uns hinweg, ließen sich vom Südwind zausen, stürzten zum Schein ab, fingen sich wieder, krächzten übellaunig. Mochten sie! Ich hatte an nichts etwas auszusetzen und fror ich auch in den Gummistiefeln, so war es mir unter der Lederjacke um so wärmer.

Magali trabte zu meiner Rechten, blickte den Möven nach und hinüber, zur Stierherde, die wir kreuzten, und trug ein feines leises Glückslächeln um die Lippen. „Ist dir auch nicht kalt, Magali? " „Nein, wirklich nicht! Onkel hat mir seine Socken geliehen!" Magali ritt nun wie ein alter Gardian. Wir überquerten die Straße bei Cacharel und schlugen den Damm nach Méjanes ein. Salztau hing im grünen Gefaser der Tamariskenzweige. Die Hufe unserer Pferde klapperten matt. Ein grauer Reiher stocherte im Grund der Roubine am Damm. Magali schien nichts zu entgehen. Allem und jedem blickte sie nach, flüsterte manchmal Unverständliches vor sich hin. Ich tat es ihr vernehmlich nach: „Ma-ga-li, Ma-ga-li..."

„Psss! Jan hat dir ausdrücklich verboten, an Dummheiten auch nur zu denken!" Sie lachte kichernd. Ich versuchte, im Etang des Impériaux Flamingos zu erspähen. Doch da waren heute keine.

Eine Stunde später war es Zeit zum Nachsatteln. Ich lenkte Dur vom Damm zum Wasser hinunter und der Roubine entlang in den Windschatten einiger Tamarisken. Camisard folgte ihm. Wir schwangen uns aus den Sätteln. Magali vertrat sich die Beine. Ich gurtete nach. „Zigarettenpause? " Magali nickte: „Wenn du Hunger hast, können wir auch was essen!" Ich schüttelte den Kopf, setzte mich auf den untersten Ast einer Tamariske, rückte etwas vom Stamm weg: „Da ist noch ein Sitzplatz, Mademoiselle!"

„Vielen Dank, Monsieur!"

„Warum hast du das vorhin mit den Dummheiten gesagt? "

Sie setzte sich neben mich, vergrub die Fäuste in den Außentaschen der Lederjacke, trat mit der rechten Stiefelspitze eine Versenkung in den feuchten Tamariskenhumus. „Je suis bien avec toi, ich mag dich; schade wäre es, wenn du etwas aushecken würdest, das mein Vertrauen in dich widerlegte!" Ich sah ihrer Stiefelspitze zu. In mir dachte es angestrengt: ich könnte sie in die Arme nehmen, sie würde nicht einmal böse werden, wir wären fünf Minuten oder zehn glücklich, dann wird sie an ihren Verlobten denken und mir für immer das anlasten, was sie darauf ihre schwache Stunde nennen wird, und nie wieder werde ich sie lächeln sehen. Sie sprang auf, strich mir, wie unabsichtlich, durchs Haar, lachte lustig, trat neben Camisard. Wir ritten weiter.

Das Einfangen Trimars in Carrelet geriet weit schwieriger, als wir es uns vorgestellt hatten. Trimar kannte offenbar nur seinen Herrn und ließ sich von uns weder den Hafersack reichen noch in die Enge treiben. Schließlich, nach viel Lachen, Locken und Fluchen unsererseits, fand Magali zwei Rüben im Stroh der Scheune, warf eine davon Trimar hin, ließ sich die andere aus der Hand holen und schlang dem Hengst dabei das Seilende um den Hals; lammfromm folgte er ihr vor das Gehöft, wo wir ihm ein Stallhalfter verpaßten. Mit Trimar „en destre", als Handpferd, machten wir uns auf den Rückritt. Das diesige Grau des Morgens hatte dem Himmel zaghaftem Sonnendunst überlassen. Wir alberten über Gott und die Welt und suchten „aux Frignants" einen trockenen Platz zum Mittagessen.

Während ich die Pferde an einer Tamariske anband, packte Magali den Saquetoun aus. Wir breiteten die Windjacken am Boden aus und ließen uns darauf nieder. Es war kurz vor zwei Uhr. Wir aßen schweigend und unsere Blicke wichen sich aus. Dann sammelte Magali den Brotrest, den Wurstrest und das Papier in den Saquetoun, während ich eine Zigarette drehte und anzündete. Jäh fühlte ich mich seit Jahren verheiratet und lachte auf. Magali blickte mir erstaunt unter die Brauen, drehte mir den Rücken zu und ließ ihren feinen Nacken auf meinen Schenkel sinken. Ich zwang mich, ruhig weiterzurauchen. Sie hatte ihre Augen geschlossen und flüsterte nun: „C'est vrai! Je suis bien avec toi! Ich fühle mich fein bei dir!"

„Ich auch, Magali, und – du darfst mich ruhig auslachen – das genügt mir im Augenblick!"

„Wirklich? " Ich nickte. Sie richtete ihren Oberkörper auf, wandte mir ihr Gesicht zu, befahl: „Laß' die Hände, wo sie sind!" näherte ihre samtdunklen Augen den meinen und küßte mich auf beide Wangen. Darauf sprang sie auf und rief: „En route!".

Im Dezember, Januar, Februar und März ritt ich ein gutes Dutzend Mal mit Magali aus, jedoch nie mehr allein. Im April, Mai und Juni kam sie kaum mehr zum Reiten in die Station und begleitete Escambarla nur noch selten nach Carrelet. Während des Balls auf dem Dorfplatz am 14. Juli tanzte ich einmal mit ihr; dann war und blieb sie verschwunden. Im August hatte sie das Lächeln verlernt, selbst wenn man bei ihr einkaufte, war abwesend, hager, schien krank. Im September trug sie dunkle Schatten unter den Augen und vergaß zu grüßen, begegnete ich ihr auf der Straße.

An einem Dienstagabend trat sie plötzlich in den Hof der Station, trippelte, ohne mich zu beachten, zu Jan hinüber, redete leise auf ihn ein. Zusammen traten sie in den Stall. Ich öffnete das Hoftor, trieb den Mietpferdetrupp auf die Straße, schwang mich auf den Rücken Vaneaus, unseres zweiten Dunkelfuchses, und trabte den Tieren voran auf die

Weide. Als ich zurückkehrte, rief mich Jan zu sich in den Stall. Magali war bereits fort. Der Gardian kratzte sich ausführlich unter dem Hut, sagte: „Morgen reitest du zum letzten Mal mit Magali aus – allein und ohne Sattel! Sie hat mich darum gebeten!.. Ich glaube, sie will mit etwas ins Reine kommen... coumprès? "

Es war nicht „meine" Magali, an deren Seite ich an diesem strahlenden Herbstmorgen nach Beauduc ritt. Die Magali neben mir starrte düster und irgendwie fassungslos geradeaus oder aufs Meer, nichts im Blick, und ich fragte mich wieder und wieder, wozu sie ihren Kummer denn aufs Pferd gepackt habe. Über eine Stunde lang trabten wir schweigend nebeneinander, folgten dem Ufer des „Golfe de Beauduc" nach Osten und Südosten, waren weit und breit allein, und ich wollte mich auf keinen Fall von ihrer Schwermut anstecken lassen. Um sie zu einer Reaktion zu zwingen, trieb ich Dur etwas an. Camisard trabte schneller und schneller und Magali hüpfte heftig auf seinem blanken Rücken herum. Schließlich fielen die Pferde in jenen kurzen, wiegenden Galopp, der den Camargue-Pferden eignet. Als auch das nichts half, stieß ich einen langen spitzen Treiberpfiff aus, und unsere Schimmel jagten in voller Karriere nebeneinanderher über den Strand. Magali saß nun erstaunlich sicher auf dem ungesattelten Camisard und ließ diesen an kaum gestrafften Zügeln ausgreifen. Ich schaltete den vierten Gang, indem ich meine Unterschenkel leicht zurücknahm. Die Pferde bogen sich vor jedem Sprung katzenartig zusammen, übersprangen, die Basis des Halses aufgerichtet, die Hinterhand untergesetzt, mit jedem Ausgreifen mehr Boden. Endlich schien Magali etwas bei der Sache. Ich parierte Dur durch und schob ihn in fleißigen Schritt, Camisard tat von sich aus dasselbe. Ich nahm all meinen Mut zusammen und fragte: „Alors, Magali, qu'est-ce qu'il ne va pas? Wo hapert es? „

„In fünf Wochen heirate ich!"

„Und deswegen hast du Ringe um die Augen und dein anbetungswürdiges Lachen verloren? "

„Du bist auch nicht in der Camargue geboren und müßtest mich eigentlich verstehen! Ich kann ohne die Steppe, die Salzseen, das Meer, den Himmel hier bei Tag und bei Nacht einfach nicht mehr leben! Dabei liebe ich meinen Verlobten! Er wohnt nur zu weit im Norden, arbeitet mit seinem Vater zusammen, kann da nicht weg! Ich habe zwischen ihm und dem Delta zu wählen!" Ich ritt dicht neben ihr, ergriff ihre, die Sätze niedergeschlagen begleitende Rechte, behielt sie in meiner Linken, ohne daß sie sie mir entzog. Ihr Blick hing erneut weit vor uns in der Ferne. Sie sprach stockend weiter: „Hier gehöre ich dazu! Hier helfe ich euch Gardians bei der Arbeit oder der Tante im Laden, hier bin ich zu Hause. Hier gehören die Steppe, der Himmel und das Meer mir und ich gehöre ihnen. Du mußt das verstehen können! Du bist ja auch nicht zufällig hier!"

Ich verstand Magali nur zu gut! Seit Monaten kam es zwischen Jan und der Besitzerin der Leihstation immer häufiger zu Zusammenstößen. Ich wußte, daß Jan sich insgeheim nach einer anderen Stelle umsah, daß er wegwollte, daß er nur Escambarlas wegen noch nicht wegkonnte, daß sich meine Gardianlehre jedenfalls dem Ende näherte. Was würde daraufhin sein? Dachte ich an die Zukunft – was ich in der Regel tunlichst unterließ –, so konnte auch ich mich jeweils nur an einem einzigen Ort dieser Welt vorstellen; hier in der Camargue. Ich sagte es Magali. Sie nickte traurig. Dann probierte sie unvermittelt ihr altes Lächeln neu an: „Du hast glücklicherweise nichts davon gemerkt; ich war einige Wochen lang ernsthaft in dich verschossen, solange, bis ich merkte, daß es in Wirklichkeit nicht du warst, der mich beschäftigte, sondern der Gardian, der Reiter, der Camarguais, der hier für immer hin Verschlagene! Verzeih', daß du mir als ein Symbol für das erschienen bist, was ich hier zurücklasse, wenn ich heirate."

„Wenn? "

„Ja, wenn!"

„Du wirst über ein Auto verfügen und regelmäßig nach Saintes Maries zurückkommen".

„Verstehst du mich wirklich nicht? "

„Doch! Gewiß, leider".

„Nicht mehr dazuzugehören, zu nichts mehr zu gehören, herausgefallen zu sein!"

„Du wirst zu deinem Mann gehören".

„Ja, zu meinem Mann! Was ist ein Mann, selbst eine Familie, neben den Steppen, dem Meer, diesem Delta, seinen Stieren, Pferden, seinen Menschen? " Sie entzog mir ihre Hand, trabte an, und wir ritten schweigend bis zur pinienbestandenen Dünenkuppe in Beauduc, wo wir die Schimmel anbanden und abzäumten. Magali verschwand darauf hinter einer Düne. Als sie wieder auftauchte, trug sie einen kornblumenblauen Bikini und rief: „Kommst du mit zum Baden? " Wir liefen über den Strand, plantschten ausgiebig, wenn auch nicht gerade ausgelassen, im Meer, verspürten plötzlich Hunger, stellten fest, daß wir nichts Eßbares mitgebracht hatten, und Magali lehrte mich Muscheln zu fischen:

Tellines, Clovisses und Palourdes, die wir roh verzehrten. Ich machte mir an sich nie viel aus Muscheln, nun aber erschienen sie mir als ein dem Augenblick und unserer Stimmung würdigeres Essen als ein Château-Briand bei Kerzenschein und Rotwein. Magali erklärte viel, lächelte wieder, schwieg viel, hatte ihren Nacken und den Kopf mit dem langen gelösten Haar auf meinen rechten Schenkel gebettet. Eine gute Stunde lang kämpfte ich pausenlos mit einem Satz, der mir auf der Zunge brannte, den sie vielleicht erwartete, vielleicht befürchtete, den auszusprechen ich keinesfalls das Recht hatte: Ne te marie pas! Heirate nicht! Als ich ihm schließlich zu unterliegen drohte, beugte ich mich über ihre geschlossenen Lider, streifte mit meinen Lippen ihren Mund, fügte eilig hinzu: „Zur Erinnerung an Beauduc!"

Auf dem Heimritt gab sich Magali ruhiger, gelöster, fröhlicher, wenn ihr Blick auch noch oft und jeweils lange knapp über dem Horizont in der Ferne hängenblieb. Beim Einschwenken ins Dorf fragte ich: „Et la conclusion?" Sie hob die Achseln, lächelte leise, antwortete: „Vielleicht... aus der Erinnerung leben!"

Am übernächsten Morgen, beim Satteln unserer Hengste im Stall, brummte Jan: „Ich will nicht wissen, was zwischen Magali und Dir in Beauduc war! Es soll ihr aber bedeutend besser gehen!"

Fünf Wochen darauf heiratete Magali ihren Gutsbesitzersohn. Die Dorfweiber wisperten, als das Paar unter die Kirchentüre trat: „Sieht der blendend aus! Und reich soll er sein! Eine glänzende Partie für die Kleine!" Ich hockte im Sattel meines Durs, kreuzte mit einem Dutzend anderen Gardians zusammen den Trident, unter dem hinweg Magali nun am Arm ihres Gatten zu einer Limousine schritt, und irgend etwas geriet in meinem Brustkorb durcheinander, schmerzte wochen- und monatelang und heilte erst Jahre später aus.

Drei Tage nach Magalis Hochzeit sprach mich eine unserer treuesten Stammkundinnen auf einem Ausritt an: „Sagen Sie, Sa'ko, ich komme eben aus Argentinien zurück, wo mein Vater eine Estancia mit über sechstausend Rindern besitzt. Seit langem sucht er zwei europäische Majordomes, die den einheimischen Chef-Gauchos vorstehen sollen. Ich habe schon mit Jan darüber gesprochen. Würde die Stelle sie auch interessieren?"

„Na klar! Sogleich, sofort, lieber heute, als morgen!"

„Prima! Ich schreibe unverzüglich meinem Vater! Jan hat sich einige Tage Bedenkzeit auserbeten, ich bin aber sicher, daß er einschlagen wird!"

Jan ließ sich Zeit. Und mir fiel während der folgenden Tage ein Vers ein, den Magali in Beauduc nach dem Muschelmahl geflüstert hatte, den Blick geradeaus, quer über den Golf auf die Kirchturmspitze von Saintes Maries de la Mer geheftet:

„D'alin sieu vengudo
Querre eici la pas.
Ni Crau, ni campas,
Ni maire esmougudo
Qu'arrèste mi pas!"

„Aus der Ferne bin ich gekommen,
Um hier Frieden zu finden.
Weder die Crau, noch die Steppe,
Noch die weinende Mutter
Hielten meine Schritte auf".

(F. Mistral: „Mireiro")

GABIAN

Mir war es ernst mit dem Auswandern nach Argentinien. Unsere Kundin hatte Jan und mir den Job auf der Estancia in lockenden Farben geschildert. Wir würden die rechten Hände des Patrons sein, hätten die Gauchos bei der Arbeit zu beaufsichtigen, wohnten in einem eigenen Vorwerk und würden fürstlich bezahlt. „Macht euch wegen der Sprache keine Gedanken! Mein Vater ist Franzose, und die Gauchos bringen euch den Dialekt der Zunft schnell genug bei!" Jan aber erbat sich eine Verlängerung der Bedenkzeit nach der anderen. Ich hatte ihn bisher noch nie so entscheidungsschwach, so grüblerisch schwankend und Argumenten gegenüber so zugeknöpft erlebt. Dabei schien ausgenblicklich alles hier unser Auswandern zu erleichtern.
Seit Monaten, eigentlich bereits seit mehr als einem Jahr, kamen Jan und ich mit der Besitzerin der Mietstation kaum mehr zurecht. Sie mischte sich ins Zureiten der Junghengste ein, von dem sie nichts verstand, sie reservierte sich Sauvageon, meinen Leibhengst, exklusiv zum eigenen Gebrauch, wurde nicht mit ihm fertig und ließ ihn tagelang unbewegt im

Stall stehen. Sie versuchte sogar, zu bestimmen, welche Kunden Jan und welche ich zu führen hätte. In der Station herrschte dicke Luft. Eines Tages rief sie mich zu sich in ihren neuumgebauten Salon: „Setz dich, ich muß mit dir reden!" Sie holte Likörgläser aus dem Schrank, reihte sie abwesend vor mir auf, sagte: „Du kannst dir hier eine aussichtsreiche Zukunft aufbauen, wenn du auf mich hörst! Du kennst den Betrieb, die Kunden und die Pferde. Ich werde auch einiges springen lassen, um die Station zu vergrößern! Du brauchst nur die Stelle Jans einzunehmen. Er wird alt und modernen Geschäftsmethoden gegenüber immer eigensinniger. Ich werde ihn entlassen!"

Ich schoß vom Plüschsofa hoch, vergewisserte mich, daß es ihr tatsächlich ernst damit war, lief wortlos aus dem Haus, über den Hof in den Stall und erzählte Jan, was sie mir eben mitgeteilt hatte. Beim Abendessen kündigten er und ich gleichzeitig unsere Arbeit. Jan ließ sich zwar zu dem Versprechen überreden, wir ritten noch so lange weiter, bis ein anderer Gardian gefunden und eingearbeitet sei. Aber an diesem Abend war ich sicher, Jan hätte sich endlich für Argentinien entschieden. Als ich ihn am nächsten Morgen darauf ansprach, wich er mir jedoch ein weiteres Mal aus: „Dich hält hier nichts zurück! Warum sagst du nicht zu? Ich will mir die Sache noch einmal durch den Kopf gehen lassen!"

Kaum vierzehn Tage darauf kam er eines Samstags aus Arles zurück, grinste wie früher breit über das Gesicht und kniff dabei die Augen zu Schlitzen zusammen: „Heute morgen habe ich von einem Junghengst gehört, der zu verkaufen ist. Und vorhin, auf dem Rückweg, hab ich ihn mir angesehen; ein prachtvolles Tier und alles andere als teuer!"

„Donc un repris de justice! Das heißt ein Rückfälliger!"

„Klar!" Er lachte ausgelassen, hieb sich mit den flachen Händen auf die Knie, fügte hinzu: „Legen wir zusammen, kaufen wir Rückfällige billig auf, biegen sie zusammen gerade und verkaufen wir sie weiter, so können wir uns hier auch ganz anständig über Wasser halten!" Wir schlugen uns gegenseitig auf die Schultern, lachten, lachten so, daß die Patronin ärgerlich die Fenster zu ihrem Salon schloß.

Am nächsten Morgen ritt ich auf Dur statt, wie gewohnt, zur Leihstation ins Dorf, zum Mas, dessen Besitzer den „Rückfälligen" verkaufte. Ich kannte den Herrn, einen Barbesitzer, und wußte, daß er den Junghengst für teueres Geld erworben hatte und mindestens ein halbes Dutzend Mal von ihm abgeworfen worden war. Seither stand der Hengst gutgefüttert im Stall und niemand wollte ihn reiten.

Vor dem Mas angekommen, ließ ich mich aus dem Sattel gleiten und hing die Zügel Durs über ein Zaunpfahlende. Dann stiefelte ich in den Stall, um mir den Hengst zu besehen. Aus dem Halbdunkel warnte eine Stimme: „Achtung!" keine Sekunde zu früh: der Hengst feuerte seinen linken Hinterhuf knapp an mir vorbei. Der Gutsbesitzer betrat sporenklingelnd und in einer überprächtigen Gardianmontur den Stall. Grinsend wies er mit dem Kinn auf den Junghengst: „Ich hoffe, Jan und Sie werden viel Freude an ihm haben! Tja, wenn ich nur häufiger zum Reiten käme! Ich hab zu nichts mehr Zeit!"

Draußen fuhr ein Auto vor. Ich trat aus dem Stall ins Freie. Richtig, einer unserer Bekannten aus dem Dorf fuhr mit Jan vor. Sie reichten dem Barbesitzer die Hände. Sein Pferdeknecht führte inzwischen den Hengst aus dem Stall und band ihn neben Dur an. Jan begutachtete den Schimmel von allen Seiten, fragte unseren Bekannten, was er von ihm halte, dieser antwortete grinsend: „Ganz einfach wird er nicht zu reiten sein!"

Stolz fischte Jan ein niegelnagelneues Checkheft aus der Tasche, besprach sich mit dem Barbesitzer, füllte einen Check aus, riß ihn vom Block, reichte ihn dem Pferdebesitzer. Dann holte er seinen Sattel und das Zaumzeug aus dem Kofferraum des Wagens und begann, den Junghengst vorsichtig zu satteln.

Es begann nieselnd zu regnen. Jan verknotete eben das Führseil am Hals und mittleren Kappzaumring, drückte es mir in die Hände, hing dem Rückfälligen die beschwerten Kappzaumzügel über den Hals, reichte mir seinen Lederhandschuh. Ich zog ihn über die rechte Hand und schwang mich in den Sattel Durs. Dann rollte ich das Führseil neu auf und zog endlich den Junghengst mit mir fort, aus der Umzäumung des Gehöfts auf einen Weg, der zu einer zaunlosen Schafweide führte. Dort wollte Jan, so war es abgemacht, den Rückfälligen erstmals reiten.

Als das Mas einige hundert Meter hinter uns lag, trabte ich Dur an. Der Junghengst sperrte sich kurz gegen die Zumutung, doch der Zug am Kappzaum und ein Schnalzer ließen ihn schließlich ein paar bockige Galoppsprünge machen, die Dur sogleich nachvollzog, und wir sprengten nebeneinanderher bis auf die Schafweide am Nordende des Etangs des Launes. Hier zogen wir weite Kreise, erst auf der rechten, dann auf der linken Hand, erst im Galopp, dann im Trab. Als Jan und unser Bekannter im Auto anlangten, schien der Hengst weitgehend gelöst, bockte jedenfalls immer härter gegen das Führseil, riß mich mehr als einmal nahezu aus dem Sattel.

Jan winkte mich zu sich. Wir hielten neben ihm an. Ich ließ Dur eine

halbe Vorhandwendung treten, Jan zurrte die Sattelgurten des Jungen fester. Ich packte das Führseil knapp über dem Caveçonring und den Nüstern des Hengstes. Jan zischte: „Avis!“ Ich lehnte mich, auf alles gefaßt, im Sattel zurück. Jan schwang sich auf den Schimmel, Dur piaffierte vor Aufregung. Der Junge legte die Ohren an. Jan hatte die Zügel aufgenommen. Ich versuchte, den Hengst mit mir fortzuführen, doch dieser stand, tat keinen Wank. Jan legte die Schenkel an. Jäh satzte der Hengst aus dem Stand in die Luft, schlug dabei katzbuckelnd den Schädel zwischen die Vorderbeine, sein Rücken glich einem gespannten Pfeilbogen. Noch bevor er die Erde wieder berührte, hatte Jan seinen Kopf hochgerissen und erneut die Sporen angewandt. Dur sprang an und riß den Jungen mit sich fort. Vier oder fünf Sprünge weit galoppierte dieser manierlich, bockte dann von neuem los, schlug dabei immer wieder mit beiden Hinterhufen zugleich aus, kapriolte atemberaubend, und Jan saß unverrückbar fest, sein leises, etwas spöttisches Grinsen um die Lippen, während ich, am Führseil gebeutelt, oft gerade nur noch auf Durs Rücken hing, obwohl mein Wallach mitarbeitete, als könne er sich auf mich nicht verlassen. Drohte ich nach rechts aus dem Sattel gerissen zu werden, so staffelte er sogleich nach rechts. Raste der Junghengst jäh voraus und reagierte ich zu spät, so war Dur bereits angesprungen und hatte meine Verspätung ausgeglichen. Suchte ich hierauf Jans Durchparieren mit dem Führseil Nachdruck zu verleihen, so stemmte Dur zur Unterstützung seine Vorderhufe in den Boden. Wir kämpften so zu dritt mit dem tobenden Rückfälligen, und der Schweiß rann uns aus allen Poren. Doch der Junge gab sich noch immer nicht geschlagen. Wieder und wieder satzte er aus bockbeinigem Stand gerade in den Himmel und feuerte mit der Hinterhand nach den tiefhängenden Wolken. Jan hatte längst aufgegeben, mir Weisungen zuzurufen, saß stattdessen, wie in Gedanken versunken, tief in dem tobenden Hengst, schien auf etwas zu warten oder etwas erlauschen zu wollen, trug weiter sein dünnes Grinsen um den Mund, das sich nachgerade eingegraben hatte. Wir schlugen immer engere Bögen in kurzem Trab, Kreise und Wendungen nach rechts und links, parierten zum Schritt durch, trabten erneut an, bogen in Volten ab, machten aus imaginären Ecken kehrt, galoppierten an; rechte Hand, linke Hand, ließen die Pferde schließlich in Schritt fallen. Da sagte Jan: „Reich' mir das Führseil herüber!“
„Aber der Junge kann doch gleich wieder lostoben!“
„Gib mir das Seil!“
Er ließ die Zügel durch die Finger gleiten und machte sich seelenruhig

daran, das Führseil aufzuwickeln und an seinem Sattel festzuschnallen. So unvorsichtig, ja tollkühn hatte ich ihn noch nie erlebt. Er hieß mich von der Weide nach Hause reiten. Kaum waren wir auf der Piste – Dur wich eben einem Spitzgrasbüschel aus – schrie er: „Avis!" „Achtung!". Ich warf Dur zur Seite, und der Junghengst tobte an uns vorüber, bockte steil in die Luft und fiel in den Schritt zurück, schnaubte ab, Jan tätschelte ihm den schweißnassen Hals, setzte sich schräg in den Sattel, wandte sich zu mir um, behauptete:

„Der Junge hat begriffen!"

„Was? "

„Daß ich ihm nicht ans Leder will!"

„Tu parles!"

Er begann, eine seiner haarsträubend falschen Melodien zu pfeifen. In kurzem Trab erreichte er wenig später, kurz vor mir und Dur, das Mas di Mouissau, wo er den Hengst absattelte, mit Stroh trockenrieb und mit Dur zusammen auf die Weide entließ.

Am Abend dieses Sonntags schrieb er unserer Kundin seine und meine Absage, Argentinien betreffend, und fügte seiner Erklärung der Gründe an: „Wir sind Gardians und Zureiter und besitzen erstklassige Stierpferde. Die Manadiers des Deltas kennen und schätzen unsere Arbeit. Als selbständige Tagelöhner mit eigenen Pferden finden wir hier ebenso interessante und einträgliche Aufgaben und bleiben überdies frei!"

Doch vorderhand führten wir noch immer Ausritte und arbeiteten an den Wochentagen nahezu unbezahlt in der Herde Escambarlas. Die Patronin der Mietstation hatte mittlerweile einen Nachfolger für uns gefunden, den wir bereits eingearbeitet hatten, so daß wir ihm einen Teil der Ritte mit den Kunden überlassen konnten oder diese zu dritt führten, um von unseren Lieblingspferden nach und nach reitend Abschied zu nehmen: von Garçon und Sauvageon, Reboussier und Pétouset, von Blad di Luno und lou Mi.

Auf unserem letzten gemeinsamen Tagesritt nach Terreneuve schien Jan nachdenklicher denn je, obwohl er seinen Gabian ritt, den erst vor sechs Wochen erstandenen Rückfälligen. Die Kunden galoppierten weit vor uns unter der Obhut unseres Nachfolgers. Links lag das Meer, rechts wellten sich die Sanddünen und dahinter stand schwarz der Pinienwald. Wir ließen die Schimmel im Schritt ausgreifen, schwiegen, seit wir diesseits der Rhône wieder aufgesessen waren. Nun sagte Jan gekünstelt beiläufig: „In sieben oder acht Monaten heirate ich!". Die Mitteilung überraschte mich nicht eigentlich, erinnerte mich nur schmerzhaft an Magali, die ich durch ihre Heirat aus den Augen verloren hatte. Ich nickte schweigend, obgleich Jan eine Antwort zu erwarten schien. Ich hatte seine Absicht längst vage erraten, das heißt mir Einiges aus spitzen Bemerkungen der Patronin und seinen Reaktionen hierauf zusammengereimt, Anderes aus seiner Entscheidungsschwäche nach dem Stellenangebot aus Argentinien gefolgert. Allein wer seine Zukünftige sei, war mir bisher verborgen geblieben. Darum fragte ich: „Und wer wird deine Frau?" Er nannte den Namen einer Stammkundin, der einzigen Kundin, wie mir erst jetzt auffiel, die er je unbegleitet hatte ausreiten lassen. Ich kannte sie nur oberflächlich, weil er sich jeweils exclusiv um sie gekümmert hatte. Ich nickte wieder: „Was dich dabei am meisten bedrückt ist, daß du deshalb eine feste Stelle annehmen mußt, daß somit aus unserer Selbständigkeit nicht eben viel werden kann!"

„Ja und nein! Ich heirate erst im nächsten Sommer. Mit der Leihstation sind wir im Reinen. Schon morgen können wir als Tagelöhner beginnen! Erst in acht Monaten muß ich einen festen Job gefunden haben!"

„Wirst du auch! Das Taglöhner-Dasein ist bestimmt die beste Gelegenheit, eine gute Stelle zu suchen und zu finden!"

„Tiens, t'as certainement raison! Du hast gewiß recht!" Er legte Gabian die Schenkel an den Leib, und wir galoppierten den Kunden nach.

Noch an diesem Abend erklärte Jan der Patronin, der neue Gardian sei in alle Künste eingeweiht und mache seine Sache prächtig. Wir verließen die Station am folgenden Morgen.

Da packten wir schon früh die letzten Kisten und Koffer in seiner bisherigen Kammer neben dem Hundezwinger. Ich belud den Zweiräderkarren damit. Eine erste Wagenladung hatten wir bereits zwei Wochen zuvor zum Mas di Mouissau gefahren, wo Jan bis zu seiner Hochzeit wohnen wollte. Nach den Kisten voll Riemen, Seilen, Sattler-, Hufschmied- und Veterinärwerkzeug, Büchern, Stiefeln, Drahtrollen, Wolldecken, Kleider und Schlafsäcken hievten wir schließlich unser Sattel- und Zaumzeug, die Schabracken und Satteldecken, die Sedens und Lassos, einen Sack voll Konserven und ein Dutzend Flaschen Wein auf den Karren, spannten Sansnom, Jans Dressurpferd, ein, banden Dur hinter dem Wagen an, saßen auf und holperten unter Winken und Wünschen der Nachbarn aus dem Hof, durch das Dorf nach Norden, zum Mas di Mouissau. Unterwegs schwiegen wir und ließen Sansnom bummeln: nie mehr die Hengste und Jungpferde zu satteln, die wir zugeritten und für die Arbeit mit den Stieren abgerichtet hatten – das schmerzte trotz allem Locken der Freiheit.

Während der ersten Tage im Mas di Mouissau besserten wir die Zäune rund um die Hütte aus, deckten den Stall neu, gruben einen neuen Brunnen. Damit hatten wir uns dann auch schon an die Umstellung gewöhnt. In der Regel kochte ich und fegte hin und wieder die beiden Räume der Hütte aus, während Jan der Straße und dem Weg entlang Gras und Schilf mähte. Die Weide, auf der nun drei Pferde, Sansnom, Gabian und Dur, ihr Auskommen finden mußten, wuchs kaum mehr nach. Der Herbst blieb dieses Jahr trocken. Daneben ritt Jan täglich Gabian. Ich hatte ihm dabei zuzusehen, die Gänge und Wendungen zu kritisieren und immer wieder über die geeignetsten Lockerungsübungen zu referieren: über Schulterherein und Schenkelweichen, den Kontergalopp und Renvers und Travers. Wir bauten schließlich sogar eine Bande. Während dieser ganzen Zeit ließ mich Jan nicht einmal auf seinen Gabian steigen. Oft setzte ich mich deshalb auf Dur, versuchte vorzureiten, wie und wo es bei Gabian meiner Ansicht nach noch haperte, fragte eines Abends: „Digo, Jan, willst du mit Gabian eigentlich Hohe Schule reiten? “ Er lachte verlegen, kratzte sich unter der Baskenmütze im Haar, antwortete: „Gabian will ich so fein zureiten, so durchlässig machen, daß auch meine Frau mit ihm fertig wird. Wir haben ja Zeit im Augenblick!“ Nach dem Abendessen suchten wir unsere Reitlehrbücher hervor, saßen stundenlang vor dem Kamin zusammen, verglichen seine französischen Texte mit meinen deutschen und österreichischen, stellten selbst die Kavallerie-Reglements der verschiedenen Armeen sich gegenüber, diskutierten bis in den Morgen hinein, und das war nur der Anfang, nur die erste einer langen Reihe ähnlicher Nächte.
Dann brachen Escambarlas Rinder wieder regelmäßig durch die morschen Zäune in die nähere und weitere Umgebung Carrelets aus. Wir durchstreiften von neuem die halbe Camargue auf ihren Spuren, aufs Geratewohl oder Zeugenaussagen nach, durchquerten Sümpfe und Salzseen, Steppen und Reisanbaugebiete und verstopften endlich die Löcher und Lücken in den Zäunen. Escambarla selbst lag krank im Bett. Waren seine Rinder alle beisammen, so karrten wir Heu auf die Weiden, um vierzehn Tage oder drei Wochen Ruhe zu haben und bei diesem oder jenem Manadier Stiere zu impfen, Jungbullen oder Jungpferde zu kastrieren und vor allem, um unserer einträglichsten Beschäftigung nachzugehen; dem Zureiten von Jungpferden. Auf den oft weiten Wegen von Mas zu Mas ritt Jan nun möglichst stets seinen Gabian. Der Hengst, der noch immer wieder neue Bocksprünge ausheckte, auch wenn er ihnen dann kaum mehr Nachdruck verlieh, zeigte sich sowohl in den Stierherden als auch

beim Einfangen von Wildpferden so anstellig und talentiert, daß einige Manadiers ihn Jan auf der Stelle – und oft zu hohen Preisen – abkaufen wollten. Doch der Gardian schüttelte jeweils den Kopf, grinste leise und antwortete: „Behalten Sie uns ein paar Wochen länger da, und wir reiten ihnen jeden beliebigen Junghengst aus ihrer Herde auf die gleiche Weise zu!" Auf dem Heimritt zum Mas di Mouissau erklärte er mir einmal: „Gabian ist das einzige Hochzeitsgeschenk, das ich meiner Braut anbieten kann!"

Wir ritten wieder einmal für Escambarla. Robert, ein Nachbar der Mietstation im Dorf, war mit von der Partie, ein vierzehnjähriger Junge, der zu Pferd durchaus seinen Mann zu stellen wußte – und Männer, ahnten wir, mochten wir heute gebrauchen. Dreiundzwanzig Rinder; Stiere, Kühe und Kälber, fehlten seit drei Wochen in Carrelet. Seit zehn Tagen wußten wir, daß sie sich in der Herde des Nachbarn im Westen befanden. Da diese kaum mehr zu fressen hatte als die in Carrelet, rief ihr Besitzer nahezu täglich in Saintes Maries an und forderte Escambarla immer drohender auf, seine Tiere zurückzuholen. Aber Escambarla war krank und regte sich nicht. Jan, Robert und ich wollten deshalb versuchen, die Rinder nach Carrelet zurückzubringen, stellte das auch ein Programm für mindestens fünf bis sechs Reiter dar. Jan hoffte, der Nachbar und Besitzer der Herde werde uns beim Aussondern helfen, denn dieses konnte nicht, wie üblich, auf der hierzu umfriedeten Koppel beim Mas, sondern mußte möglichst nahe am Ausgang nach Carrelet geschehen, da wir andernfalls riskierten, die ausgesonderten Rinder auf der mit Tamarisken bewachsenen Weide während des Rücktriebs zu verlieren.

Vorerst ritten wir fröhlich dem Damm des Vaccarès entlang nach Nordosten; Jan im Sattel Gabians, Robert in dem Sansnoms, ich auf Dur. Die Sonne stand ziemlich genau im Zenith, brannte spitz auf uns herab, obgleich verhältnismäßig kühle Windstille herrschte. Der Salzsee blendete aus dem Süden herüber. Über der Steppe und über den Sümpfen im Norden tanzten dichte Wolken aus Mücken und millimeterkleinen Stechfliegen, Arabis genannt, deren Stiche Mensch und Tier oft halb wahnsinnig werden lassen. Jan wies mit dem Kinn zu ihnen hinüber: „Macht euch auf das Schlimmste gefaßt!"

Kurz nach zwei Uhr erreichten wir das Südportal der Besitzung unseres Nachbars. Kurz vor drei Uhr langten wir vor dem Mas des Manadiers an. Der Herdenbesitzer sei nicht da, gab uns eine alte Magd zur Auskunft, und der Gardian bessere weit im Norden Zäune aus. Komme er früher, als vorgesehen, zum Mas zurück, so schicke sie ihn uns nach. Jan versank in

Grübelei, während Robert und ich die Pferde tränkten. Beim Wiederaufsitzen brummte er: „Zudritt können wir die dreiundzwanzig Rinder nie und nimmermehr auf offener Steppe aussondern! Drei Reiter müssen die Herde zusammenhalten, mindestens zwei die ausgesonderten Tiere, einer sondert aus... macht sechs! Mehr, als das Sammeltreiben erledigen, können wir allein nicht!" Wir ritten dennoch los.
Kaum lagen die Gebäude des Gehöfts hinter uns, schwärmten wir aus: Jan bog nach Westen ab, ich ritt in der Mitte, Robert trieb die Ostgrenze, das heißt den Kanal entlang, der die Besitzung vom Pâty und von Carrelet trennte. Im dichten Tamariskendschungel verloren wir uns rasch aus den Augen, hörten uns nur noch eine Weile lang locken und treiben, dann nicht einmal mehr das. Dur platschte durch tiefen Morast und blutbraune Tümpel, deren Grundbeschaffenheit ich nicht kannte. So ließ ich ihn sich vorwärtstasten, lockte dabei die Rinder, die sich oft überraschend nahe aus dem Tamariskendickicht trollten. In der Regel zeigte mir Durs Ohrstellung die Verstecke der Bullen und Kühe, und ließ ich ihn gewähren, so stampfte er von selbst gerade auf sie zu. Mehr als eine Stunde dauerte der Auftrieb, denn immer wieder war der Boden vor uns auszuloten, waren Sumpflöcher und Tamariskendickichte zu umreiten, nach Norden, Osten oder Westen ausbrechende Rinder zurückzuholen und Wolken von Arabis auszuweichen.
Endlich stießen Dur und ich mit etwa siebzig oder achtzig Rindern auf einen breiten, verhältnismäßig kahlen Streifen Steppe, der zum Aussondern geeignet schien. Ich ließ mich aus dem Sattel gleiten, die Rinder sich langsam zerstreuen, rollte eine Zigarette, brannte sie an, um das Geschmeiß zu vertreiben. Kaum eine Viertelstunde später langten nahezu gleichzeitig Jan im Westen und Robert im Osten mit ihren Rindern an. Ich schwang mich in den Sattel zurück.
Langsam trieben wir die Herde weiter nach Süden, dann auf einem vegetationsarmen Stück Boden zusammen. Jan winkte Robert und mir, sie zusammenzuhalten, während er nach Südosten ritt, um einen geeigneten Ort für die ausgesonderten Rinder auszumachen. Endlich kam er zurückgetrabt, rief, wir könnten nicht länger auf den Gardian oder Manadier warten, ritt unmutig entschlossen in die Herde und begann, Escambarlas Rinder auszusondern. Ich hatte die Tiere jeweils zu übernehmen und nach Südosten in einen natürlichen, wenn auch nicht lückenlosen Korral

oben: Mehr und mehr Touristen ritten durch die Camargue...
unten: ...während sich die Gardians immer rarer machten...

aus Tamarisken zu treiben, wo Robert sie zusammenhielt. Gelangte ich zur Herde zurück, so hatte ich diese rasch dichter zusammenzudrängen. Dann hatte Jan die nächste Kuh ausgesondert und ich brachte sie zu Robert hinüber.

Ich weiß nicht, wie viele Kilometer Dur und ich an diesem Nachmittag zwischen der Herde und den ausgesonderten Tieren hin und her galoppierten. Schien die Herde einmal beruhigt, so versuchten die bereits ausgesonderten Stiere jäh zu ihr zurückzugelangen, und ich mußte Robert zu Hilfe eilen. Trotteten darauf die ausgesonderten Rinder wieder friedlich durch die Buschlichtung, so zerstreute sich die Herde, und Jan wollte das Aussondern nicht mehr gelingen.

Einmal, es war kurz nach fünf Uhr, brach die Herde, wie ein Tier, nach Norden aus. Jan und ich rasten los und pfiffen Robert zurück, der seinen Posten ebenfalls verlassen wollte. Wir überholten die dahinpreschenden Rinder, bogen die Spitze ihrer Leibermasse nach Westen ab, dann nach Südwesten und bremsten ihren Lauf. Als wir sie durch eine breite Lücke zwischen den Tamarisken zu ihrem ursprünglichen Standort zurücklenkten, stemmte der Leitstier plötzlich die Vorderklauen in den Morast, hakte herum, und die Herde brach rechts und links an uns vorüber nach Osten aus. Jan preschte mit Gabian vor, um nachzusehen, was die Tiere aufgehalten hatte. Ich versuchte unterdessen, an den Leitstier heranzugelangen, um die Herde wieder unter Kontrolle zu bringen. Da kam Jan wildgestikulierend zurückgejagt und brüllte: „Nein, ja nicht nochmals durch die Lücke! Arabis blockieren sie!“ Wir trieben die Herde in einem weiten Bogen um die Stechfliegenwolke herum, die nur knapp einen Meter über dem Boden, doch bis in Pinienkronenhöhe, als eine graue, durchsichtige Säule in der Tamariskenlücke hing.

Wir gerieten dabei wohl etwas weit nach Osten ab, denn unvermittelt schrie dort Robert um Hilfe, und seine achtzehn, bereits ausgesonderten Tiere polterten heran und versuchten, sich mit der Herde zu vereinen. Vieren gelang es. Die übrigen fingen wir eben noch ab und trieben sie erneut in ihr Tamariskenoval. Dur schwitzte mittlerweile so stark, daß ich Robert bat, meine und meines Wallachs Arbeit mit Sansnom zu übernehmen, während ich daranging, die Rinder Escambarlas weiter nach Süden zu treiben. Endlich beruhigten sie sich etwas. Ich kehrte in die

Ein letztes Mal trieben wir die Stutenherde von ihrer Weide und quer durch den Salzsee...

Lücke zwischen die Tamarisken zurück, um den neuausgesonderten Tieren den Weg zu weisen. Da erstarrte ich unwillkürlich. Obwohl mindestens einhundertfünfzig Meter zwischen der Herde und meinem Standort lagen, sah ich plötzlich nur noch Gabian. Er hatte bisher höchstens ein Dutzend Mal in Stierherden gearbeitet und hier nur die einfachsten Aufgaben bewältigt. Dennoch hatte er nun dadrüben offenbar die Führung übernommen. Jan brauchte ihn nur ein paar Rinderlängen weit auf einen Stier anzusetzen, ihm darauf die Zügel hinzugeben, und er folgte dem Tier, wie absichtslos im Schritt, verkürzte während der Bögen und Windungen den Abstand zwischen sich und dem Rind, machte zwei, drei Sprünge, befand es sich am Herdenrand, stieß es aus dem Verband, hielt es in Schach, bis Sansnom es übernommen hatte, trabte daraufhin einmal rund um die Herde, trieb sie dichter zusammen, schlängelte sich, erneut im Schritt, ins Rindergedränge zurück.
Jan beaufsichtigte die Überführung des eben ausgesonderten Tieres zu mir herüber, brüllte ein paar Stiere an, die aneinander geraten waren, pfiff eine Kuh zurück, die sich aus der Herde stehlen wollte, behielt dabei die Arabis in den Augen und die noch auszusondernden Tiere Escambarlas. Er schien völlig vergessen zu haben, daß Gabian noch ein Anfänger war. Der Junghengst arbeitete sich an die nächste Kuh heran, schnitt ihr den Fluchtweg in die Herdenmitte ab, hakte herum, um ihr allein den Weg aus dem Leiberverband offenzuhalten. Und ich, der ich im Sattel eines ihm mindestens ebenbürtigen Stierpferdes saß, kam aus dem Staunen nicht heraus.
Endlich trotteten zweiundzwanzig Rinder Escambarlas im Tamariskenoval durcheinander. Robert und Jan jagten das letzte vor sich her herüber, und, ohne uns weiter aufzuhalten, trieben wir den Trupp nach Süden weg. Als wir in der Sichtweite des Südzaunes gelangten, umritt Robert die Tiere, galoppierte ihnen voraus zum Gattertor, öffnete es, preschte auf der Piste draußen weiter zum Südwestportal von Carrelet, öffnete auch dieses, und wir schlossen unsere Rinder auf ihrer angestammten Weide ein. Zwei Stunden lang verstopften wir darauf eine Zaunlücke am Kanal, fluchten immer lauter über die Arabis und die Mücken und ritten erst lange nach Sonnenuntergang nach Saintes Maries zurück. Unterwegs zog Jan unversehens seinen Hut, sagte: „Bravo, Messieurs, ich wüßte nicht, mit welchen anderen Gardians zusammen ich die Arbeit heute nachmittag besser, schneller oder einfacher hätte erledigen können, ah, mi fraire gardian, sian qu'uno pouniado!“ Robert und ich hatten plötzlich nicht einmal mehr etwas an den Arabis auszu-

setzen, obwohl, wie sich später herausstelle, unsere Gesichter und Hände bis zur Unkenntlichkeit angeschwollen waren und noch tagelang schmerzen sollten.
Ein weiteres Mal stellte sich die Regenzeit dieses Jahr erst Ende Mai ein, bedeckte nun aber die Steppe und die Weiden knöcheltief mit Wasser; Regenwasser und Überlauf aus den Sümpfen und Salzseen, Roubinen und Brackwassertümpeln. Jan und ich waren drei volle Wochen lang arbeitslos. Anfänglich erledigte der Gardian die lange liegengebliebene Korrespondenz mit seiner Braut. Dann nahmen wir unser Sattel- und Zaumzeug auseinander, putzten, fetteten ein, reparierten, stopften neu aus, flochten Zügel, nähten Ersatzkopfzeug, Ersatzgurten, Ersatzschweifriemen.
In der dritten Regenwoche verlor Jan die Geduld. Eines Morgens pilgerte er kurz vor sieben zur Landstraße hinüber, nahm dort den Autobus nach Arles. Als er, vier Tage später, ins Mas di Mouissau zurückkam, hatte er Arbeit gefunden, zwar keine Taglöhnerarbeit für uns beide, jedoch eine feste Stelle für sich selbst, im Nordosten der Camargue, im Mas de l'Isle. Stolz erzählte er, er sei als Baile-Gardian bei einem Manadier untergekommen, der gekreuzte und reinrassige spanische Stiere und eine ansehnliche Pferdeherde auf ungewöhnlich viel Weideland besitze. Er könne dorthin so viele Hengste und Stuten mitbringen, wie er wolle und sich so nach und nach zum Pferdezüchter emporarbeiten. Kurz, er war zu glücklich und schrieb seiner Braut zu viele und zu lange Briefe, als daß ich ihm meine Enttäuschung hätte offenbaren können. Zudem waren wir noch für etwas mehr als einen Monat bei zwei Manadiers als Taglöhner verpflichtet und erwarteten guten Lohn, der als Rücklage dienen konnte. Wir ritten für unsere Auftraggeber und kehrten ins Mas di Mouissau zurück. Zwei Tage später fuhr Jan zu seinem neuen Patron. Von nun an kam er nur noch an Wochenenden nach Saintes Maries, dann selbst an den Samstagen immer seltener, blieb schließlich ganz aus. Im Juli heiratete er, verbrachte ein paar Tage mit seiner Frau im Mas di Mouissau, worauf sie vorübergehend nach Paris, er zu seinem Patron in die Crau zurückkehrte.
Ende September wehten der Herbst und die zweite Regenzeit in die Camargue. Als die Etangs und Roubinen angeschwollen waren und kein durstheiseres Stiergebrüll die Nächte mehr durchbebte, fand Jan eines Abends ins Mas di Mouissau. Seine Koffer und Kisten hatte er längst abholen lassen; nur sein Sattelzeug und sein Lasso hingen noch im Vorraum, der uns als Sattelkammer diente, und Sansnom und Gabian

weideten noch mit Dur zusammen auf den hohen Böden. Beim Essen sagte Jan: „Morgen reite ich! Ich sattle Sansnom und führe Gabian als Handpferd mit!"
„Und wenn der Junge bockt?"
„Werde schon mit ihm fertigwerden!"
„Und wenn trotzdem etwas passiert? Bitte, Jan, laß' mich mitreiten!"
„Wie kommst du abends hierher zurück?"
„Ben! Ich kann im Dorf jemanden bitten, mich im Auto abzuholen!"
„Gut, dann beeil' dich!"
Ich sprang auf den blanken Rücken Durs und trabte durch den Abend ins Dorf. Eine Bekannte versprach, mich beim Mas de l'Isle abzuholen: „Bis morgen um fünf!"
Jan weckte mich um drei Uhr morgens. Ich stellte das Kaffeewasser auf den Herd, schlüpfte in die Kleider, zog einen zweiten Pullover über: der Mistral sang laut um die Hütte. Stehend stürzten wir den Kaffee hinab, schlüpften in die lammfellgefütterten Lederjacken, traten vor die Hüttentüre, gewöhnten unsere Augen an die Nacht. Als Sansnom am Sattelbalken angebunden war, fingen wir, mit der üblichen Mühe, Gabian ein. Die Jagd auf ihn ließ uns hübsch warm werden. Beim Schein der Stalllaterne sattelten und zäumten wir, saßen endlich auf und ritten, nach einigen Bocksprüngen, mit denen Gabian Jan auf die Probe stellte, nach Süden, dem Etang des Launes entgegen. Das Mistral boxte uns in den Rücken und wehte die Schweife der Pferde zwischen deren Hinterbeinen hindurch, was Gabian veranlaßte, mehrmals nach dem Polarstern zu keilen. Daraufhin schluckten uns die Schatten zwischen den Tamarisken, und wir bogen nach Südosten ab. Die Pferde griffen in weitem, schnellem Schritt aus. Sansnom folgte Gabian. Ich döste vor mich hin.
Einmal, es war am Ufer der Launes, schnatterte eine Wildente, über das Hufgepolter sichtlich entsetzt, schwang sich, mit den Flügeln klatschend aus dem Schilf hoch und strich dem Mond entgegen. Die Piste fing sich nun zwischen Stacheldraht, führte über etwas Brückenähnliches zu einer Reihe Touristencabanes, deren Kamine rauchlos ins Mondlicht gähnten. Sie hatte es, nur zwei Jahre zuvor, noch nicht gegeben. Asphalt knirschte schneeähnlich unter den Hufen der Pferde. Wir folgten der Überlandstraße bis zu einem neuen Reiterhotel, bogen auf den ehemaligen Bahndamm ab, den wir beim Friedhof wieder verließen, um nach Norden abzuschwenken. Wir erreichten den Drahtzaun einer Stierweide. Ich saß ab, öffnete das Gattertor, schloß es hinter Jan und mir, schwang mich erneut in den Sattel Sansnoms. Der Mistral feilte jetzt an unseren Ge-

sichtern, riß an den Jackenknöpfen, stellte die Pferdemähnen steil auf. Unsere Tiere schnaubten ab.
Links vor uns, im Windschatten einer Tamariskengruppe, am Rand einer sumpfigen Niederung, regten sich ein Dutzend Stiere, Kühe und Kälber. Jan wandte sich im Sattel zu mir um und meinte, der Mistral verpasse ihnen das Winterfell. Morast schmatzte, quietschte, gurgelte unter den Hufen, dann platschte es jäh, und Spritzer schossen uns in die Gesichter. Wir durchquerten eine Roubine, in der das Wasser höher stand, als ich erwartet hatte. Die Steppe auf der anderen Seite lag, soweit ich sie im Mondlicht übersah, fesselhoch überschwemmt. Die Pferde schlitterten durch den Schlick und hatten Mühe, das Straßenbord am Nordende der Weide zu erklettern. Wir bogen auf den Damm nach Méjanes ein. Wasser stand bis zum Rand in Karrengeleisen, nur den Lehmstreifen dazwischen hatte der Mistral trockengelegt. Gabian und Sansnom fielen in ihren geräumigen Schritt zurück.
Wie viele Male waren Jan und ich auf diesem Damm zur Arbeit geritten? Und einmal hatte er mich an der Seite Magalis nach Carrelet geführt. Ich kannte hier jede Hufbreite Weg und staunte dessenungeachtet jedes Mal von neuem über die Weite der Steppe, der Salzseen, der Schilfmeere und Tamariskendschungel. Heute stützte sich der Mond auf den Horizont hinter uns. Selten nur hatte ich auf diese Weise aus dem Sattel auf ihn hinabgesehen! Vor uns verblaßten die Sterne. Die Nachtbläue verdünnte sich allmählich zu Lila. Der Mistral mußte bald eine Stunde lang ruhen. Jan trabte Gabian vom Damm hinunter zu einer Tamariskengruppe, saß ab, gurtete nach. Ich folgte ihm... und erschrak. Das waren just die Tamarisken, unter denen Magali und ich damals nachgesattelt hatten. Jan setzte sich auf den selben Tamariskenast in den Windschatten und, wie damals, setzte ich mich ebenfalls und rollte mechanisch eine Zigarette. Dann teilte ich Jan meine Gedanken mit. Er hob die Schultern: „Magali war dir so wenig zubestimmt, wie mir meine Frau! Aber du bist kaum zwanzig, hast noch Zeit genug, Dummheiten anzustellen; ich... lassen wir das!“ Er warf Gabian die Zügel über den Hals und schwang sich in den Sattel.
Als wir den Damm erkletterten, spielte der Mistral nur noch leise im Schilf, während die Sonne sich anschickte, plakatrot aus dem Bad im Etang du Vaccarès zu steigen. Ich fröstelte und entdeckte, daß es ein kaltes, eiskaltes Rot gibt, das zwar aus seinem Inneren leuchtet, nach Außen aber nichts, garnichts an Wärme abzugeben hat. Der Sattel knarrte. Ich lehnte mich gegen den Hinterzwiesel zurück und lauschte

dem so beruhigenden Quietschen des Leders und dem Klingeln der Kinnkette. Etwas später schlug Jan plötzlich den Kragen seiner Jacke herab. Es war in der Tat wärmer geworden. Die Pferde griffen gelöster aus. Unversehens schwirrten wohl zehntausend Flügelpaare über uns hinweg. Wir blickten in den Himmel. Jan rief: „Des étourneaux!“, „Stare!“ Ein Falke jagte in ihrer Mitte. Während ich mich noch über die Größe und Dichte des Schwarmes wunderte, setzte Sansnom zum spanischen Tritt an und stieg über eine, wohl drei Meter lange Ringelnatter hinweg, die sich tot stellte. Gabian scheute, übersprang sie schließlich wie ein hohes Hindernis, worauf sie sich träge ins Schilf der Roubine verkroch.

Hinter dem Mas von Carrelet erkletterten wir den Damm, der das Röhricht des Pâty von den Stierweiden von Méjanes trennt. Der Mistral schlug uns nun mit neuer Wucht entgegen. Vom Weiler am Schilfmeerrand folgten wir der Landstraße bis nach Albaron, schnitten zwar ihre Bögen ab, orientierten uns aber immer wieder an ihr. Hinter Albaron schwenkten wir für längere Zeit auf die Steppe hinaus, die stellenweise knietief unter Wasser lag. Kurz nach elf Uhr erreichten wir Trinquetaille und überquerten auf seiner Brücke die Rhône. Autos hupten vor und hinter uns, wohl um die Pferde zum Scheuen zu bringen. Doch selbst Gabian war zu müde, um noch an Bocksprünge zu denken. Mitten in Arles fanden wir einen platanenbestandenen Platz, an dessen Ruhebänke wir die Pferde anhalfterten. Darauf sattelten und zäumten wir ab, liehen uns an einer Haustür einige Eimer und tränkten die Tiere. Jan verschwand zum Einkaufen und kam mit Brot, Wein, Wurst, Oliven, Zwiebeln und Sardellen zurück.

Punkt zwei Uhr hievten wir uns in die Sättel zurück. Jan ritt nun Sansnom, ich – zwanzig Kilo leichter – zum ersten Mal Gabian. Aus dem Villenviertel trabten wir in eine Parklandschaft hinaus, in der, unter Platanen, grünes hohes Gras in bunten Wiesen wuchs, die wohl ständig bewässert wurden. Jan rechnete halblaut vor sich hin, wie vielen Fohlen sie ganzjährig als Weide dienen würden. Ich horchte in Gabian hinein, versuchte, ihn etwas „auszuprobieren“, doch er war zu müde und zu lange Zeit nicht mehr dressurmäßig geritten worden, um mir mehr, als nur andeutungsweise, auf meine Hilfen zu antworten. Unter steinernen Bögen hindurch, die nach Römerzeit aussahen, gelangten wir auf die Überlandstraße und wenig später auf einen pistenartigen breiten Weg, der schnurgerade in die Busch- und Geröllwüste der Crau hinausführte, auf ausgedörrte, ausgeglühte Erde, auf der ausschließlich Disteln wuchsen, Steinbrecher, schüttere Eichenbüsche und, in Senkungen, ein paar Oliven-

und Mandelbäume. Wir holten einen Schäfer ein, der seine magere Herde müde vor sich her trieb. Sein Hund suchte sich wieder und wieder einen Platz in seltenem Schatten, doch Pfiffe quälten ihn regelmäßig auf die Läufe zurück. Bereits in Arles hatten wir unsere Lederjacken und Pullover auf den Packsätteln festgeschnallt, ritten längst mit aufgekrempelten Hemdärmeln und schwitzten uns dennoch naß.
Jan trieb Sansnom unentwegt an. Anfänglich hatte Gabian noch von sich aus mitzuhalten versucht. Er war dann aber weiter und weiter zurückgefallen, obwohl ich ihn hart antrieb und immer wieder in Trab boxte, in einen unwilligen, holperigen Trab. Der Umstand, daß Jan ihn während der letzten drei Monate nicht mehr geritten hatte, rächte sich. Und wir waren noch lange nicht am Ziel.
Die Piste beschrieb einen Bogen: na endlich, dort drüben, hinter jenen Eichenbüschen, mußte die Abzweigung liegen, die von unserem Plateau hinunter ins Tal von Les Baux führte. Uns gegenüber reihten sich jedenfalls seit langem die silbernen und blauen Kalkfelsen der Alpilles, und die Ruinen des einstigen Hofes der provenzalischen Troubadoure waren deutlich zu erkennen. Ich trieb Gabian erneut unsanft an und flüsterte ihm heiser Ermunterungen zu. Wir erreichten das Eichengebüsch, umtrabten es und, statt der Abzweigung, zog sich eine neue Gerade als ein silbern flimmerndes Band zu neuem Eichengebüsch. Jan ritt etwa fünfhundert Meter vor uns. Sansnom schien durch knietiefes Wasser zu waten, ja, manchmal sah es aus, als schwimme der Wallach. Ich wußte indessen – brauchte mich nur umzuwenden, um mich dessen zu vergewissern – daß Luftspiegelungen mich narrten, daß ich anscheinend selbst durch Wasser ritt. Der Begriff „Wasser“ wurde zur Obsession.
Eineinhalb Stunden später erreichten wir doch noch die Weggabelung. Jan wartete im Schatten eines Aquädukts auf uns. Eine kurze Weile ritten wir nebeneinander her. Die Piste senkte sich ins Tal hinab. Ich stieg ab, um den Hengst an der Hand hinunterzuführen. Gabian stemmte jedoch trotzig die Hufe in den Staub, wollte und wollte nicht mehr von der Stelle weichen. Notgedrungen saß ich wieder auf, legte die Sporen an; wir holperten weiter. Die Talsohle war erreicht. Jan schien aus einer Art Trance zu erwachen, blickte leise grinsend nach Osten, sagte: „Alles Flachland, das du rechts der Piste siehst, hält mein Patron in Pacht. Schau, dadrüben weiden die Croisés Espagnols und die Pferdeherde. Die Talsohle liegt zwar acht Monate im Jahr überschwemmt, aber du brauchst gut drei Stunden, um die ganze Besitzung zu umreiten!“ Er erklärte, erzählte, beschrieb, als gehörten die Domäne, die Stiere und Pferde ihm.

Endlich ließ ich Gabian wieder etwas zurückfallen. Da lag nun das Mas de l'Isle. Dort würde Jan in Zukunft reiten. Und geradeaus, hinter den Felsblöcken, auf der anderen Seite des Tales, mußte das Dorf liegen, ein Nest ohne Bedeutung, in dem Jan und seine Frau eine Wohnung beziehen würden und das dadurch Bedeutung erhielt.
Dreihundert Meter vor Gabian und mir stoppte ein Auto am Wegrand: unsere Bekannte aus Saintes Maries, die mich in die Camargue zurückholen kam. Was sollte ich nun auf der Insel? Gewiß, mehrere Besitzer von Pferdemietstationen baten mich seit Wochen, für sie Touristen zu führen. Auch riefen mich immer wieder Manadiers zur Taglöhnerarbeit in ihre Herden. Doch Escambarla – das hatte mir Jan heute morgen, als wir die Besitzung von Carrelet durchquert hatten, unter dem Siegel der Verschwiegenheit verraten – Escambarla brachte in vier Wochen seine Herde hierher, auf die Domäne des Mas de l'Isle, und Jan war stolz darauf, für sie eine neue Bleibe gefunden zu haben.
Die Camargue, das heißt, das, was sie mir bedeutet hatte: Jan, Escambarla, lou Rèi, die Zureitertätigkeit bei den verschiedenen Manadiers, Pougau, Courtet, Criquet, Lairan, Carrelet, der Bois de Riège, Terreneuve, Beauduc, Magali... das alles war dabei, mir zu entrinnen. Meine Gardianlehrzeit war vorbei. Nun erwartete man wohl von mir, daß ich auch ohne Jans Rat und Beistand und ohne seine Gegenwart, die mich unablässig gestützt hatte, selbst wenn der Gardian zwanzig Kilometer weit entfernt anderer Arbeit nachgegangen war, meinen Mann zu stellen wüßte. Nur, wollte ich das noch?
Drei Jahre später kaufte ein Nordafrika-Franzose mit staatlicher Unterstützung zwei Drittel der Besitzung des Mas de l'Isle auf, legte die Talsohle trocken und eine Apfelplantage an. Jans Patron konnte nur das letzte Drittel weiter in Pacht behalten und mußte seinen Stier- und Pferdebestand drastisch reduzieren. Jan machte sich auf die Landsuche, fand rings um das Dorf herum hier ein Stück Niederung, dort ein Stück Sumpf: zu wenig und zu teueren Boden für des Patrons und seine Pferdeherde. Letztlich kamen sie überein, ihre Herden aufzuteilen. Jan wurde Pferdezüchter in eigener Verantwortung, übersiedelte etwas später in ein anderes Dorf, wo eigener Boden und Pachtland günstiger zu erwerben war. Gabian wurde Stammvater einer ersten und zweiten Pferdegeneration und Leithengst einer Herde aus achtzehn Stuten und zehn Jungpferden. Dann ließ ihn Jan kastrieren, um ihn für seine Frau leichter reitbar zu machen. Noch heute bereut er diesen Schritt, denn Gabians Temperament wurde dadurch kaum beeinflußt.

JEAN-LOUIS

Jean-Louis, Jahrgang 1892, war der letzte Sproß einer gutbürgerlichen Familie aus dem Elsaß. Sein Vater kaufte um das Jahr 1880 herum ein mittelgroßes Hotel in Paris, baute es um und machte allmählich das daraus, was man heute eine „Jet-Set-Herberge“ nennen würde, ein Luxushotel für Jungrentner, damals russische Klein- und Großfürsten und westeuropäischen Geldadel.
Jean-Louis wurde im vierten Stock dieses Hotels geboren und wuchs zwischen rotsamtenen Vorhängen und Fauteuils, bronzenen „Diane-Chasseresse“ und „Hercule avec la tête de Méduse“ auf, benutzte den Aufzug im schmiedeisernen Käfig, wenn er aus der Schule kam, hatte eine Gouvernante, dann Haus-Sprachlehrer, mußte Klavier spielen und den Großfürsten Reverenzen erweisen. Als er zehn Jahre alt war, starb seine Mutter. Die Hotelsekretäre ersetzten sie. Mit vierzehn Jahren sprach er lateinisch, etwas altgriechich, russisch, englisch, etwas deutsch, ein bißchen spanisch und ein äußerst gewähltes Französisch. In Mathematik, Geometrie, Buchhaltung und Hotelführung war er indessen ausgesprochen schwach. In der Regel kümmerte sich sein Vater denn auch nur um ihn, wenn er ihm eben diese Schwäche vorzuwerfen hatte. Mit fünfzehn zog Jean-Louis hieraus die Konsequenz und brannte durch: in die Camargue.
Hier kam er erst nach langer, vergeblicher Stellensuche unter. Sein Salonfranzösisch und die Tatsache, daß er in Paris geboren war, nahmen die Inselleute gegen ihn ein. Endlich heuerte ihn dennoch ein Manadier – mehr aus Mitleid, denn um eine offene Stelle zu besetzen – als Gardianlehrling an. Und Jean-Louis, das Grünhorn, das noch nie auf einem Pferd gesessen und von Kampfstieren noch nicht einmal gehört hatte, mußte sich durch überdurchschnittliche Tollkühnheit bei den Gardians vor allem zuerst durchsetzen: er spielte den Hofnarren und Stierclown, ahmte, sobald er sich einigermaßen im Sattel hielt, Kosaken, Cowboys und Indianer nach, die er in Paris auftreten gesehen hatte, war und blieb „lou Parisien“, ein Phänomen, über das man in der Camargue den Kopf schüttelte, auch wenn schon bald der spöttische Unterton beim Aussprechen seines Spitznamens der Ratlosigkeit und geheimer Bewunderung wich.

Am Ende der fünfjährigen Gardianlehre rückte Jean-Louis zum Militärdienst ein, spielte weiter den Clown, wurde in ein Strafbataillon versetzt, wurde „Spahi", gehörte damit zur nordafrikanischen Reiterelite, lernte fließend arabisch sprechen und zahlreiche Beduinentricks: sich aus dem Galopp mit dem Pferd hinzuwerfen, sich hinter einem ungesattelten und ungezäumten Pferd unsichtbar durch feindliche Linien zu schlagen, Pferde mittels eines „Geheimnisses" zu hundeähnlicher Gefolgschaft abzurichten. Jean-Louis hätte damals ohne Weiteres als Sensationsreiter auftreten können. Er aber wollte nur eins: seinen Spitznamen „lou Parisien" los und von den Gardians der Camargue als einer der ihren anerkannt werden.
Doch bevor er die Papiere für die Entlassung aus dem regulären Militärdienst erhielt, brach der erste Weltkrieg aus, und er wurde zur Infanterie eingezogen. Marneschlacht, Sommeschlacht, Verdun: nichts blieb ihm erspart. Seit Kriegsanfang rauchte er leidenschaftlich Pfeife; „dem sich Zurückziehenkönnen, der Nebelwand wegen", erklärte er einmal. Bei Verdun hatten sie sich zum Sturmangriff zu rüsten. Er stopfte seine Pfeife neu, brannte sie an, ließ den Tabak quellen, drückte ihn in den Pfeifenkopf zurück: „Ich war bereit!" Das Kommando zum Sturm kam, und sie kletterten aus den Schützengräben und liefen mitten im Geschoßhagel los. Keine dreihundert Meter weiter östlich fiel Jean-Louis die Pfeife aus dem Mund. „Kriegspielen ist hart", erzählte der Gardian grinsend, obwohl es bekümmert aus seinen Augen blickte, „ohne die Pfeife konnte und wollte ich nicht weiterlaufen. Ich suchte lange den aufgewühlten, schlammigen Boden ab. Plötzlich traf mich ein harter Schmerz ins Gesäß, und ich fiel vornüber. Als ich aufblickte, stand ein Leutnant vor mir. Er hatte mich in den Hintern getreten und schnaubte nun etwas von einem Kriegsgericht und Vaterland. Ich rappelte mich auf. Da fiel mein Blick auf die Pfeife. Ich bückte mich, um sie aufzuheben. Im selben Augenblick krachte es und flatschte dann, wie eine Ohrfeige, und als ich mich, die Pfeife zwischen den Zähnen – sie brannte übrigens noch – nach dem Leutnant umdrehte, lag dessen Körper kopflos da: Granatsplitter. Die Pfeife hatte mir das Leben gerettet und es ihn gekostet!"
Trotz der Pfeife wurde Jean-Louis wenig später verwundet und lag vier Monate lang in verschiedenen Lazaretten. Darauf wurde er zu seiner Reiterschwadron nach Nordafrika zurückversetzt. „Kaum war ich da angelangt und fühlte mich im Sattel wieder zu Hause, erhielten wir den Befehl, nach Saloniki aufzubrechen! Für uns bedeutete dies das Abenteuer unseres Lebens, erwarteten wir doch, rund um das Mittelmeer

herum zu reiten!“ Kaum hatten sie achthundert Kilometer zu Pferd zurückgelegt, wurden sie eingeschifft und übers Meer nach Griechenland gebracht. „In Saloniki war überhaupt nichts los, wir Weißen holten uns da bloß die Malaria!“

Endlich war der Krieg zu Ende, und Jean-Louis' Spahi-Escadron wurde abgemustert. Er selbst wurde „dank der Militärbürokratie“ nach Nordafrika zurückgebracht, wo er sich mittellos auf der Straße wiederfand. Ihm blieb nichts anderes übrig, als die Einladung eines arabischen Kriegskameraden anzunehmen und diesem in den Norden Senegals zu folgen. Einige Monate später trampte er nach Süden und Südosten weiter, bis er eines Abends, am Ende einer Piste, auf eine einsame Plantage am Ufer eines Sumpfes stieß. Hier konnte man weder einen weißen Chauffeur noch einen Hauslehrer für die Kinder gebrauchen. „Wollen Sie sich nützlich machen, so reparieren Sie die Schreibmaschine!“ sagte der Plantagenbesitzer, ein bulliger Franzose, beim Abendessen. Und Jean-Louis, der bisher Schreibmaschine höchstens aus der Ferne gesehen hatte, nahm das Ding, Teil um Teil auseinander, reinigte mit Petroleum, ölte, setzte wieder zusammen und, siehe da, die Maschine funktionierte wieder. Ihr Besitzer war darüber so erfreut, daß er ihn am nächsten Morgen als Sekretär einstellte und ihn, zwei Jahre später, zu seinem Teilhaber machte.

„Ich lebte mit einer Afrikanerin zusammen“, flüsterte Jean-Louis, als ob er sich dessen schämte, „und war so glücklich mit ihr, wie es wohl nur ein Mann unter Tausenden sein kann. Wir hatten ein Söhnchen zusammen, und ich schwor jeden Tag von neuem, nie mehr aus Afrika wegzugehen, obwohl die Camargue in meiner Seele wie eine offene Wunde brannte.

Inzwischen war ich reich geworden. Europa brauchte Gummi und bezahlte jeden Preis. Trotzdem brachte mich 1924 ein Bananenfrachter so arm nach Europa zurück, wie ich von hier aufgebrochen war. Die Plantage war hin! Eine unbekannte Krankheit hatte die Bäume eingehen lassen. Meine Frau und mein Söhnchen waren einem Tropenleiden erlegen. Meine Ersparnisse hatte ich zur Rettung erst meiner Familie, dann der Plantage restlos ausgegeben. Auf dem Frachter trimmte ich Kohlen. Der Manadier, bei dem ich meine Gardianlehre durchlaufen hatte, stellte mich wieder ein, obwohl inzwischen genau zwölf Jahre vergangen waren. Du kannst dir nicht vorstellen, wie gut mir die Camargue damals tat; die einsamen Ritte hinter den Rindern, die einsamen Tage und Nächte in der Cabane beim Pèbre. In jedem anderen Beruf wäre ich bestimmt verkommen.“

Obwohl Jean-Louis noch immer ein viel zu gewandtes, viel zu kultiviertes Französisch sprach und weder über den südfranzösischen Akzent noch über Kenntnisse der provenzalischen Sprache verfügte, war sein einstiger Spitzname „lou Parisien" mittlerweile in Vergessenheit geraten. Die Gardiankollegen respektierten ihn als Meister im Sattel, als Pferdekenner und Pferdearzt, sprachen ihm nur kategorisch die „Fé di Biou", den Stierglauben und Stiersinn ab, worunter der Gardian tiefer litt, als er es sich anmerken ließ.

Da lernte er auf dem Stammhof seines Patrons eine junge Adelige kennen, verliebte sich in sie und sagte nicht nein, als sie vom Heiraten zu sprechen begann. Vier Wochen nach der Hochzeit war seine junge Frau eines Abends auf ihr Schloß zurückgekehrt: die Einsamkeit der Hirtencabane zwischen den Weiden und Sümpfen, die Kampfstiere und Schlangen, die Stechmücken und Stechfliegen hatten sie das Grausen gelehrt. Sechs Monate darauf verkaufte Jean-Louis' Patron eine dreihundertköpfige Rinderherde an die russische Regierung, die besonders urwüchsige und widerstandsfähige Tiere suchte, um Teile Sibiriens damit der Fleischviehzucht zu erschließen. Jean-Louis meldete sich sogleich als Begleiter des Viehtransportes, sprach er doch noch immer russisch. Acht Monate darauf kam er in die Camargue zurück, mehr Unrast denn je in der Seele. Als im Jahr darauf auch die kanadische Regierung mit Camarguerindern experimentieren wollte, schiffte er sich mit der Herde ein. In Kanada angekommen, trieben er und seine Kollegen die Rinder über Hunderte Kilometer bis an ihren Bestimmungsort: „Viehtreiben erschien mir plötzlich kurzweiliger als Viehhüten. Ich schrieb dem Patron in der Camargue einen Brief, ließ mir den Wert der Rückfahrkarte auszahlen und trampte diagonal von Nordosten nach Südwesten durch die Vereinigten Staaten."

Unterwegs arbeitete er der Reihe nach als Tellerwäscher, Aushilfskoch, Küchenchef einer Ranch, Cowboy einer anderen Ranch, Zureiter, Viehtreiber, Pelzjäger, Sucher von Goldtopasen in der Mohave-Wüste, Show-Reiter, Double von Film-Cowboys und langte so in San Francisco an. Inzwischen hatte der „schwarze Freitag" Amerika und die Welt erschüttert, die Wirtschaft drehte durch, täglich wurde es schwieriger, Arbeit zu finden und noch schwieriger, für die Arbeit auch bezahlt zu werden. Als Jean-Louis in Frisco einmal auf Abfallsuche rund um die französischen Restaurants herumschlich, hörte er zwei gutbetuchte Herren auf französisch über den wirtschaftlichen Aufschwung Neu-Kaledoniens sich auslassen, einer französischen Kolonie im Südpazifik. Er

sprach die Herren an. Der eine erwies sich als ein amerikanischer Importeur französischer Abstammung, der andere als ein Großgrundbesitzer und Viehzüchter aus Neukaledonien. Jean-Louis erhielt auf der Stelle einen Job als Cowboy und Zureiter, einen Vorschuß auf den ersten Lohn und die Einladung, sich anderentags mit dem Kaledonien-Franzosen zusammen zu seinem neuen Arbeitsplatz einzuschiffen.
„Neu-Kaledonien," sagte Jean-Louis, „ist der letzte Fleck Erde, auf den einer verschlagen werden kann. Regenklima, Stürme, Urwälder und Moskitos und die Weißen – ein versnobter Clan, in dem jeder jeden wirtschaftlich und politisch bekriegt, obwohl man sich auf Parties freundlich lächelnd die Hände drückt. Nur mit den Kanaken konnte man sich verstehen, aber die verkamen in Armut, und du standest zwischen ihnen und dem Patron, konntest nichts für die einen tun und hattest dennoch den Zorn der anderen auf dich gezogen!"
1933 kehrte er in die Camargue zurück. Er arbeitete von neuem als Gardian, bis er, kurz vor dem Ausbruch des zweiten Weltkrieges, zu einem Pferdezüchter als Zureiter überwechselte. Sein neuer Patron schuf seit einigen Jahrzehnten eine neue Pferderasse, die seinen Namen trug, aus Camargue-Hengsten und Stuten aus dem Vercors und den Pyrenäen. Bereits zur Zeit, da Jean-Louis bei ihm zu reiten begann, hatte er einen homogenen, einfarbigen Schlag von Dunkelfüchsen herausgezüchtet, der weit über die Grenzen des Deltas hinaus bekannt war. Die Pferde eigneten sich gleichermaßen für die Arbeit mit den Stieren, als Packtiere für die Schäfer, als Ackergäule für die Weinbauern, wie auch als besonders ausdauernde Reit- und Wagenpferde außerhalb der Camargue, obgleich sie verhältnismäßig klein und massig waren. Sie galten als äußerst genügsam und zeigten sich dennoch überdurchschnittlich intelligent. Zudem waren sie für jedermann leicht zu reiten, wenn auch nur selten leicht zuzureiten, wie Jean-Louis nun feststellte. Sie wuchsen, wie die reinrassigen Camargue-Pferde, nahezu wild auf, wurden nur von Zeit zu Zeit zum Zählen zusammengetrieben, sahen jedenfalls keinerlei Stall oder schützendes Dach während ihrer ersten Lebensjahre. Sie wurden erst in ihrem vierten oder fünften Jahr eingefangen, und Jean-Louis mußte sie mit nur einem Helfer zähmen, zureiten, einfahren und an die Sielen gewöhnen.
„Die Arbeit wuchs mir damals oft buchstäblich über den Kopf! Aber das war wohl gut so: ich hatte einiges zu vergessen! Und weißt du, in einer Saison dreißig bis vierzig Hengste zuzureiten, die edelsten, gewandtesten der Herde zur Zucht zurückzugeben, zwanzig bis dreißig Stuten einzufahren, teils ebenfalls zu reiten, auch unter ihnen Zuchtwahl zu treffen,

das ganze Jahr über pausenlos von Pferden immer wieder auf die Probe gestellt zu werden – das gibt dir schließlich dein angeschlagenes Selbstbewußtsein wieder zurück; du trägst den Kopf wieder höher, obwohl er dir nun vor physischer Müdigkeit auf die Brust zu sinken droht."

Als die deutsche Armee auch Südfrankreich besetzte, wurde der größte Teil der Zuchtpferde als Zug- und Schlachtpferde requiriert. Die neugeschaffene Arlesier-Rasse drohte auszusterben. Nach dem Krieg bauten Jean-Louis und sein Patron die Zucht aus einigen wenigen geretteten und versteckten Stuten und Hengsten wieder auf: die ersten Nachkriegsgenerationen Jungpferde fielen etwas größer aus, doch ihr Charakter blieb derselbe. Wieder ritt Jean-Louis tagaus, tagein Pferde zu, obwohl er sich allmählich altwerden fühlte. Doch für Reitpferde interessierte sich in den ersten Nachkriegsjahren niemand. Der Patron machte zwar die Verluste beim Sattelpferdeverkauf durch höhere Gewinne beim Zugpferdeverkauf wett. Dann ging in den Fünfzigerjahren auch die Nachfrage nach Zugpferden zurück, und am Ende mußte der Züchter Land abstoßen, die Zucht verkleinern, weiter Land verkaufen, die Zucht erneut schmälern, bis letztlich nichts mehr übrig blieb als seine beiden Lieblingspferde, das Gehöft mit zwei Hektar Ackerland und ein Berg Schulden. Des Patrons Sohn verdingte sich als Lastwagenchauffeur. Jean-Louis litt immer häufiger unter Herzbeschwerden. An seinem neunundsechzigsten Geburtstag verließ er seinen Patron unter dem Vorwand einer Herzkur und verdingte sich als Stallknecht für ein Butterbrot in einem Nobel-Reiterhotel bei Saintes Maries de la Mer. Hier lernte ich ihn kennen und hier wurden wir Freunde.

Ich führte damals seit einigen Wochen Hotelkunden durch die Camargue, da mir die Hotelbesitzerin gestattete, tage- und wochenweise für Stierherdenbesitzer zu arbeiten. Eines Morgens, als ich meinen Dur am Balken vor dem Stall anband, trat Jean-Louis aus der Kammer neben dem Stall, zog die Hutkrempe tiefer in die Stirne, pflanzte sich neben Dur auf, sagte drei Minuten lang keine Silbe, schüttelte mir darauf jäh die Hand und lachte kopfschüttelnd: „Entweder verstehen Sie besonders viel von Pferden oder Sie haben das große Los gezogen, als Sie dieses Pferd erworben haben! Soviel Qualität auf einmal habe ich selten unter einem so gewöhnlichen Exterieur vereinigt gesehen!"

„Steigen Sie auf, prüfen Sie, ob Sie recht haben!"

„Danke, nein! Bin zu alt dafür. Und recht habe ich eh!"

Wir lachten vor uns hin, griffen unwillkürlich und im gleichen Augenblick in die Innentaschen unserer Gilets nach Tabak und Zigarettenpapier, zogen die gleiche Tabaksmarke und die gleiche Papiersorte ans Tageslicht und lachten erneut los. Dann tauschten wir den Tabak aus und rollten schweigend unsere Zigaretten.

Was an Jean-Louis vom ersten Augenblick an bestach, war sein jungenhaftes Lachen. Er lachte von früh bis spät, selbst wenn er sich unbeobachtet glaubte oder mit den Pferden sprach. Für ihn schien es nichts Ernstzunehmendes mehr zu geben, nicht einmal seine Herzkrankheit, obwohl ihn diese in den folgenden Jahren mehrmals ins Krankenhaus brachte. Selbst die Pferde lebten in seiner Gegenwart auf und trieben auf der Weide, wenn er sie zusammenrief, nur noch Schabernack. Oft, wenn das Reiterhotel an Wochenenden voll besetzt war, halfen Jean-Louis und ich beim Tellerwaschen aus. Abends stimmte er dabei amerikanische Tellerwäscher- und Cowboy-Lieder an, und ehe wir es uns versahen, fanden die Hotelgäste, einer nach dem anderen, zu uns in die Küche, erst nur, um Jean-Louis zuzuhören, schließlich, um beim Abtrocknen zu helfen. Dann dauerte die Prozedur bei Wein, Oliven und Brot bis tief in die Nacht, und aus der „Corvée“, aus dem Abwaschmühsal, war ein kleines Fest geworden. Jean-Louis wurde in kurzer Zeit zur „Seele“ des Hotels. Er schmeichelte den Damen mit gezogenem Hut und Redensarten, in denen die Jahrhundertwende nachklang, lud die Herren marktschreierisch auf russisch zu den Ausritten ein, sang immer wieder Lieder aus dem Westen und ahmte das Französisch der Kanadier und kanadischen Indianer nach: all das halblaut herzlich lachend, obgleich jeweils, wie ich erst nach und nach bemerkte, tiefer Schmerz und Wehmut unter der breiten Hutkrempe und um seine Augen hingen.

Jean-Louis war mittelgroß, hager bis mager, besaß eingefallene, verwitterte Wangen, Wieselaugen, eine Wieselnase, goldweißes Haar und spitze Finger an langen Händen. In der Regel steckte er in beigen Gardianhosen und einem Gardianhemd, über dem er im Frühling, Sommer und Herbst ein Gardian-Gilet trug und im Winter eine lange, pelzgefütterte Parka, die mindestens dreißig Jahre alt war. An den Füßen trug er halbhohe Gardianstiefel, „für die habe ich vier Jahre lang gespart“ gestand er einmal beschämt ein. Er gehörte, wie Jan, zu jenen Gardians, die keine Minute lang stillsitzen können. Stets zog er irgendeine Arbeit aus einer der Taschen seiner Parka, flocht Zügel oder einen Stirnriemen, schnitzte einen „Mourrau“, einen jener hölzernen Halbmonde, die man den Kälbern zur Entwöhnung durch die Nasenscheidewand zieht, schnitzte an einer Tridentspitze aus Buchsbaumholz, nähte oder flocht einen Saquetoun, einen Hafersack, zusammen, und das meistens im Gehen oder Stehen, beim Pferdehüten auf der nicht umzäunten Weide. Anfänglich begleitete ich ihn hin und wieder auf meinem Dur, um möglicherweise ausbrechende Pferde einholen und zurücktreiben zu können. Jean-Louis lachte mich leise kichernd aus: „Weshalb sollen die Pferde bloß ausreißen? Treiben wie sie nicht hierher nur, weil es allein hier noch etwas zu fressen gibt?" Nach und nach ließ ich Dur im Stall oder ungesattelt mit den Mietpferden weiden und folgte Jean-Louis zu Fuß. Der Mistral tobte schneidend kalt das Rhônetal herab. Wir verkrochen uns unter Tamariskengestrüpp und setzten uns mit dem Rücken nach Norden. So, durch die Kälte und den Sturm zu Untätigkeit verurteilt, begann Jean-Louis mir aus seinem Leben zu erzählen. Oder er lehrte mich, aus hohen Gräsern und Schilfhalmen Schnüre und Seile zu flechten bis zum Tag, an dem wir ein komplettes Behelfszaumzeug zusammenstückten. Ungläubig legte ich es Dur ins Maul, sprang auf seinen Rücken und ritt alle nur erdenklichen Bahnfiguren, hakte im Galopp herum, parierte durch und das Zaumzeug widerstand vier Tagen härtesten Gebrauchs. Ein anderes Mal zeigte er mir, wie man gerissene Zügel und selbst Bügelriemen allein mit Hilfe eines Gardianmessers und einigen Haaren aus der Mähne eines Pferdes notdürftig, wenn auch durchaus haltbar zusammennäht. Dann wieder sammelten wir Salicornien, ein Fettblattgewächs, aus denen Salat, wilde Spargeln und Karotten, aus denen Gemüse zu bereiten waren. „Hätte ich einen Sohn", lachte er einmal, „so würde ich ihn zuallererst das Überleben auf der Steppe lehren!" Er zeigte mir, wie man aus Schilf Reusen flechtet und wie man diese in Kanälen unterbringt, um darin Aale zu fangen. Er brachte mir bei, wie in den Etangs Friture-Fischchen von Hand und dennoch im Großen zu erwischen sind. Er lehrte mich die eßbaren Camargue-Pilze von den giftigen zu unterscheiden und übte oft stundenlang mit mir, das Lasso immer sicherer zu werfen. „Auf zehn Würfe darf höchstens ein Fehlwurf kommen!"

Hatte mir bisher vor allem Jan das Gardianhandwerk beigebracht, indem er es mir ganz einfach vorgelebt hatte, verlegte sich nun Jean-Louis darauf, mir die Gründe für alle die, bereits schon zu Reflexen gewordenen Handgriffe und Bewegungen darzulegen, mit dem erklärten Ziel, aus mir einen Meister zu machen. Doch daran war mir, zu jener Zeit, längst nicht mehr gelegen. Um ihn nicht zu kränken, bewies ich dennoch Fleiß, übte oft sogar zu Hause, und Jean-Louis freute sich kindlich über jeden Fort-

In der Bar saßen die Gardians beim Kartenspiel, als erwarteten sie das Ende der Camargue...

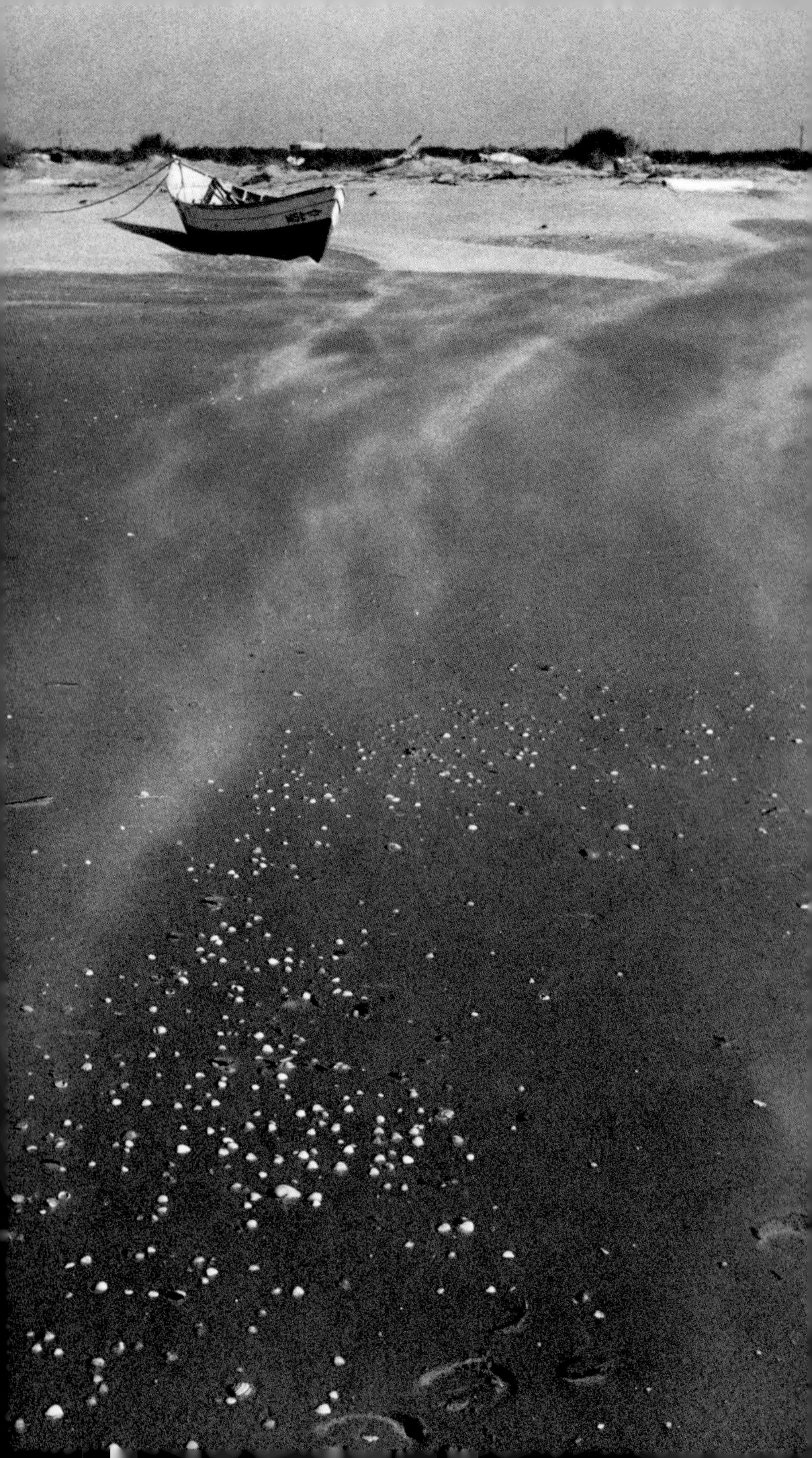

schritt. Anfang Dezember fragte ich ihn eines Abends, was ich ihm – als Lehrgeld – zu Weihnachten schenken könne? Erst wollte er lange und um alles in der Welt nichts von mir annehmen. Dann hatte ich ihn endlich davon überzeugt, daß ich mir damit eigentlich mehr selber eine Freude machte, da ich sonst niemanden zu beschenken hatte. Da erstarrte unversehens sein Blick, schien durch mich hindurchsehen zu wollen, und seine Lippen flüsterten: „Noch einmal zum Pèbre reiten, wo ich in den Zwanzigerjahren die Herde Durands gehütet habe!"

Täglich zwang ich ihn unter Vorwänden, erst für eine halbe Stunde, dann für eine ganze und länger in den Sattel. Kurz vor Weihnachten brach der Mistral los: wir konnten reiten. Jean-Louis saß verblüffend geschmeidig auf „lou Gau", auf einem der letzten Vertreter jener Arlesier-Rasse, zu deren Berühmtheit er als Zureiter jahrelang mit beigetragen hatte. Ich ritt Dur. Als wir über die Einfahrt auf den Weg hinaustrabten, warf er, die Macht des Mistrals offenbar einkalkulierend, seinen Hut in die Luft und fing ihn geschickt wieder auf. Der Himmel stand voll tiefen Blaus. Der Nordsturm beutelte uns heftig.

Der Strand war weithin überschwemmt. Zwischen der letzten „Barre" und dem Dünenstreifen hatten die Wellen, wie jeden Winter, einen gut zehn Meter breiten Sanddamm aufgeworfen.

Lange ritten wir schweigend nebeneinander her. Plötzlich sagte Jean-Louis: „Ein Weihnachtsgeschenk kann ich dir nicht machen. Aber eine Menge Blödsinn hab' ich in meinem Leben gemacht, und das zu wissen kann dir vielleicht nützen!" Ich muß nicht eben klug ausgesehen haben, denn er drängte lou Gau dichter an Durs Seite und fuhr hastig fort: „Du und ich, wir kämpften beide erfolglos um die Anerkennung als Gardians! Wir radebrechen beide nur die provenzalische Sprache. Dabei sind wir beide den Gardians hier haushoch überlegen, sowohl was unseren Pferdeverstand anbelangt als auch die Tatsache, daß wir uns in der Welt umgesehen haben. Wir sind beinahe Doppelgänger! Hör' auf mich; du begehst einen nie wieder gutzumachenden Fehler, wenn du von hier weggehst! Du hast bereits zulange hier gelebt, um dich anderswo jemals wieder anpassen zu können. Glaube mir! Ich bin oft genug weggewesen! Dieses Delta brennt dir in der Seele, wie der Hornstich eines Bullen im Schenkel. Du kannst anderswo noch soviel Geld verdienen, Frauen haben, Abenteuer erleben. Du bist und bleibst krank, trägst die Camargue

Camargue – doch noch tobt der Mistral und die Brandung löscht, wie seit jeher, die Spuren der einsamen Reiter...

in dir herum, wie eine abgebrochene Pfeilspitze. Selbst Glück kann dich nicht heilen, solange du nicht diesen tückischen Schwemmboden, dieses flache Inseldreieck unter den Sohlen deiner Stiefel oder den Hufen deines Pferdes hast. Dieses Land hat uns behext. Du bist ihm ausgeliefert! Begehe nicht den Unsinn, was es auch sei, anderswo vergessen zu wollen!"
Jean-Louis verstummte, blickte jedoch weiter geradeaus zum Horizont, erinnerte mich in seiner schmerzlichen, nur schwierig zu äußernden Leidenschaft für dieses Land an Magali. Ich wußte, er hatte recht, sie hatte recht, ich hatte recht, ließ ich mich nur gehen. Ich wollte ja bleiben! Nur erkannte ich oft in dem, was der Touristenstrom, die Bodenpromotor und selbst die Einheimischen aus dem Delta machten, meine Camargue, meine Terro Santo nicht mehr. Jan fiel mir ein. Er hatte während des ersten Lehrjahres beinahe ausschließlich provenzalisch mit mir gesprochen. Noch jetzt erwischte ich mich dabei, wie ich mit den Pferden und Rindern provenzalisch sprach: mit Jans Ausdrücken und Wendungen und Jans Aussprache, obwohl er sich seit seiner Hochzeit befleißigte, nur noch französisch zu sprechen. Selbst Jean-Louis war zusammegezuckt, als er mich mit Dur provenzalisch reden gehört hatte, und ich versuchte seither, wenigstens in seiner Gegenwart, diese Gewohnheit abzulegen. – Wir waren wohl alle mit daran schuld, daß sich die Terro Santo so hastig veränderte und daß bald wohl nichts mehr an das erinnerte, was uns auf ihr festhielt.
Jean-Louis trabte zweihundert Meter vor Dur und mir. Mein Wallach kaute unwillig am Kandarengebiß und wollte anspringen. Endlich ließ ich ihn gewähren, nahm ihn nach den ersten Sprüngen jedoch wieder auf, versammelte ihn, brachte ihn in Schulgalopp und ließ ihn, als wir neben Jean-Louis und lou Gau ankamen, ein paar Male changieren. Jean-Louis rief „bravo". Ich parierte zum Trab durch. Eine kurze Strecke trotteten wir schweigend nebeneinander her, ließen die Pferde darauf in den Schritt zurückfallen, drehten Zigaretten, brannten sie an, rauchten schweigend, bis Jean-Louis erneut anhob: „Das meinte ich vorhin, als ich sagte, wir seien den Gardians hier haushoch überlegen! Wer unter ihnen hat denn vom Schultrab, vom Changieren, vom Renvers- und Traversgalopp auch nur gehört? "
„Jan beispielsweise!" antwortete ich wohl eine Spur zu aggressiv. Jan-Louis blickte mir betroffen ins Gesicht. Ich setzte abschwächend hinzu: „Im Winter brachten er und ich den Hengsten der Station allerlei Flausen dieser Art bei! Du hättest einmal Reboussier reiten sollen, der setzte sich sogar in die Levade; oder Sauvageon, oder Blad di Luno, der erst nur

zirkushaften spanischen Tritt, dann regelrichtige Passage ging!"
„Bon, bon, ça va! Jan hat das, wie ich, im Militärdienst und aus Büchern gelernt! Aber die anderen? "
„Die haken hinter den Stieren herum und reiten dabei eine korrekte halbe Pirouette im Galopp und staffeln sich bei der Abrivado an, indem sie die Pferde ihren Schenkeln weichen lassen! Sie passagieren im tiefen Morast mehr oder weniger korrekt und reiten beim Einkoppeln der Rinder Renvers- und Traversgalopp."
„Zufällig, gewiß, ahnungslos."
„Sicher, Jean-Louis, aber was tut das? Kommen einem Justin nicht sogar mehr Meriten zu als uns, wenn er beim Schenkelweichen seinem Pferd die richtige Biegung und richtige Haltung allein deshalb gibt, weil er instinktiv erspürt, daß sein Wallach nur so losgelassen im Gleichgewicht geht? "
„Vielleicht hast du recht!. Aber Gefühl allein, und ist es noch so fein, führt bestenfalls zum Handwerk. Ohne das Wissen um die Zusammenhänge, ohne die Wissenschaft kann aus dem Handwerk niemals Kunst werden!"
Ich rang mir ein Nicken ab, obgleich mir noch viel auf der Zunge brannte. Zu oft hatte sich mir die Bemühung um die Kunst auf den mitteleuropäischen Dressurplätzen als ein Kampf gerade nur um das Gleichgewicht des Pferdes dargestellt. Hier in der Camargue indessen besaßen die Pferde beinahe von Anfang an eine so ausgeprägte natürliche Balance, daß in ihrem Sattel selbst Unwissende und Suchende oft als Meister erschienen und dies zudem ohne die leiseste Prätention. Die großen Gardians der Camargue ritten, statt ihre Pferde mit Fachwissen und – dadurch notgedrungen – mit Experimenten zu belästigen. Und dank ihrer intuitiven Sicherheit wurde aus ihrem Zur-Arbeit-Reiten nicht selten absichtslos Kunst.
Wir bogen vom Damm zwischen dem Meer und dem überschwemmten Strand nach Nordosten ab. Unsere Pferde stampften eine Viertelstunde lang durch oft bis an den Leib reichendes Wasser. Dann erreichten wir die Dünen. Ich suchte und fand zwischen den Dünenkuppen einen Platz im Windschatten. Wir stiegen aus den Sätteln, gurteten nach, setzten uns in den von der Sonne angewärmten Sand. Jean-Louis hatte eben eine Zigarette angebrannt und blickte, sein übliches Lachen um den Mund, nach Südosten, Süden und Südwesten. „Just so hatte ich den Strand und die Dünen hier im Gedächtnis: menschenleere Weite, sonnengoldbeflittert, das Sandstrahlgebläse des Mistrals im Genick! Selbst die

Schwemmholzstämme da drüben, die Durchsichtigkeit der Luft und das Bleumarine des Himmels gab es mit in meinen Träumen. Laisse-moi me saouler de ce que je vois!“

Eine halbe Stunde später schwangen wir uns in die Sättel zurück, trabten erst den Dünen entlang, gelangten dann auf den Meerdamm, den wir beim Far de la Gacholle, beim Leuchtturm, überquerten, folgten darauf dem schmalen Wildererpfad, der sich zwischen dem Damm und der Roubine dahinschlängelte. Die Steppe lag fußhoch überschwemmt, und mitten auf ihr gebot seit kurzem ein unüberwindbar steilrandig angelegter Ausfluß des Vaccarès Halt und einen Umweg über die Dammbrücke. Der Mistral umtobte uns mit Wucht, Jean-Louis ritt eine Pferdelänge hinter mir und rief immer wieder nahezu jauchzend: „Voilà la Camargue! C'est ça, la Camargue!“ Dur nickte in seinem fleißigen Schritt vor sich hin, scherte sich nicht um die Böen, die mit steter Regelmäßigkeit seine Mähne aufstellten. Jean-Louis' Begeisterung begann mich anzustecken.

Gegen elf Uhr erreichten wir die Dammbrücke und blickten den Kanal entlang, der schnurgerade vom Bois de Riège herzuführen schien. „Ils sont fous! Die sind verrückt!“ rief Jean-Louis in den Wind, „die haben die Steppe ja zerschnitten! Wo kriegen die Stiere des Pèbres nun ihr Futter her, wenn sie diesseits alles abgeweidet haben? “ Er drängte an mir vorüber und vom Damm hinab, auf die Steppe, auf „seinen“ Steppenteil! Lou Gau fiel in Galopp. Jean-Louis nahm ihn sachte auf. Sie setzten in versammelten Sprüngen vor mir her, und als sie an den Rand des hohen Bodens kamen, trieb er den Wallach unbekümmert weiter im Galopp mitten in die Flut, so daß das blutbraune Brackwasser hoch in den Himmel spritzte.

Kurz nach Mittag gelangten wir zu einer Reihe mit Tamarisken dicht bewachsener, höherer Böden, die als Inseln aus der überfluteten Steppe ragten. Unsere Pferde erkletterten das Festland abschnaubend, schüttelten sich das Wasser aus dem dichten, langen Winterhaar und zackelten von sich aus weiter. Jean-Louis beschrieb ein paar willkürliche Bögen durch das Tamariskendickicht. Dur folgte lou Gau. Dann hielten wir unversehens am Eingang eines Tamariskenrunds, an dessen nördlichem Rand die dachlose Ruine einer Cabane, einer Gardianhütte, stand. Bei näherem Hinsehen war davon eigentlich nur noch die steinerne Fassade da. Die Mauern, die einst aus Schilf und Lehm zusammengefügt worden waren, hatten die Regenzeiten und die Luftfeuchtigkeit zu einem kümmerlichen, kaum stiefelhohen Wall hinter der Fassade schrumpfen lassen, aus dem hier und dort gebleichte, abgebrochene Schilfhalme

ragten. Jean-Louis hatte sich aus dem Sattel gleiten lassen, hatte lou Gau an einem Tamariskenast hinter der Hütte angebunden, war über den Wall in das getreten, was einst der Wohnraum gewesen war. Ich stieg meinerseits ab, machte Dur neben lou Gau fest, trat neben den alten Gardian.
Er schien mich nicht wahrzunehmen, murmelte unaufhörlich vor sich hin:"..,., wahr ist, der Kamin zog schlecht. Da stand der Tisch.,.,., und da der Lehnstuhl, Geschenk des Patrons.,.,., hier die Pritsche und hier.,.,., ihre Nähmaschine. Da hing der Waschzuber. Darunter stand der Wassereimer. Da hing der Vorratsschrank und hier meine Flinte und hier mein Sattelzeug." Er drehte sich noch einige Male um sich selbst, bevor er mich gewahrte. Dann versuchte er jäh zu lachen, und in seinen Augen schimmerte es feucht. Er zog das Taschentuch unter der Parka hervor und schneuzte sich ausgiebig. Ich boxte ihn in den Rücken. Er hieb mir vor die Brust. Dann packte er mich jäh am Arm, zog mich zu den Pferden hin, ließ mich los, drängte an ihnen vorüber, schlug sich durch Tamariskengestrüpp. Ich folgte ihm. Zwei Minuten später tauchten wir aus dem Dickicht, und vor uns lag blausilbern der Vaccarès zwischen goldsilbernen, rosa und schneeblanken Inselufern, Steilufern, Tamariskenufern. So schön, so ergreifend schön, hatte ich den Vaccarès noch nie gesehen, auch wenn die winterlichen Technicoler-Farben etwas Künstlichkeit oder Hollywood-Traum suggerierten. Ich blieb vor Ergriffenheit stumm und tat, als schneide mir der Mistral jegliche Äußerung ab. Jean-Louis war anscheinend weit weg, tastete den Horizont und die Wellenkämme mit den Augen nach Erinnerungen ab, nach Erinnerungseinzelheiten; Bildern, Träumen, Räuschen.
Dann hockten wir im Windschatten der Hüttenfassade, öffneten die Parkas den Sonnenstrahlen, verzehrten die belegten Brote. Jean-Louis war in Gedanken noch immer anderswo. Mochte er sein Weihnachtsgeschenk auskosten! Es war wenig genug. Ich rechnete zurück: Rund dreißig Jahre, vielleicht etwas mehr, mußten seit seinem Abschied von der Hütte vergangen sein, und in dieser Hütte hatte er kurz mit seiner zweiten Frau zusammengelebt. Einer seiner gekicherten Aussprüche fiel mir ein: „Ich bin noch immer mit ihr verheiratet! Jedes Jahr zu Sylvester schreiben wir uns einen langen Liebesbrief!" Was würde er ihr dieses Jahr zu sagen haben? Ich reichte ihm eine fertig gedrehte Zigarette zum Kleben und Anbrennen. Er nahm sie, befeuchtete den Papierrand mit der Zunge, rollte sie fertig, steckte sie zwischen die Lippen, nahm Feuer aus meiner hohlen Hand, lehnte sich erneut gegen die Hüttenfassade und fand darüber doch nicht in die Gegenwart zurück. Wir hatten Zeit.

Wir ritten dem Ufer des Vaccarès entlang. Dann schnitten wir die Bucht, aus der der Salzseeabfluß führte, schlugen einen Bogen und trabten wasserstampfend den Inseln des Bois de Riège gegenüber nach Westen zurück: einsilbig, melancholisch, schließlich fröstelnd. Vom Far de la Gacholle an folgten wir dem Meerdamm und schnitten erst nach der „Cabane du Toro", einer Hütte, auf die jemand einen schwarzen Stier gemalt hatte, die Steppe und zwei Buchten des Etang des Impériaux und fanden mit dem Sonnenuntergang zum Reiterhotel zurück. Kurz vor dem Stall hieb mir Jean-Louis in den Rücken und sagte: „Vergiß bitte, was wir heute beredet haben! Ich habe wohl zu lange allein gelebt! Das Wichtigste ist doch, dem Lebendigen gerecht zu werden; Kunst hin, Kunst her! Jedenfalls nichts für ungut! Salut, vieux! Merci!"
Der Ritt zum Pèbre war tatsächlich Jean-Louis' letzter Ritt. Er weigerte sich in der Folge standhaft und indem er auf sein hohes Alter verwies, je nochmals auf ein Pferd zu steigen. Im Reiterhotel werkte er weiter als Futtermeiser und Tierarzt, Dompteur eines Fohlens, einer über dreißig Jahre alten Eselin und zweier Hunde, als Sattler und Hufschmied, als Geschichtenerzähler und Sänger an langen Hotelabenden. Im Frühling brachte ihn sein Herzleiden zweimal für Wochen ins Krankenhaus. Im Herbst nahm die Hotelbesitzerin einen weiteren Krankenhausaufenthalt zum Anlaß, ihn durch eine jüngere Kraft zu ersetzen. Jean-Louis bezog das Armenhaus der Stadt Arles. Monate später zog er als Hauswart verschiedener Ferienhäuser erneut nach Saintes Maries. Neue Herzanfälle erzwangen neue Einlieferungen ins Krankenhaus. Ich befand mich zu dieser Zeit bereits seit einem halben Jahr in Deutschland und hörte nur durch gemeinsame Freunde von seinem Ergehen. Seinen eigenen Briefen zufolge ging es ihm stets besser denn je, er lebte wieder in Saintes Maries oder plante mindestens, in Kürze dorthin zu ziehen.
Zwei Jahre später kehrte ich in die Provence zurück. Jean-Louis lag im Krankenhaus und war einem Skelett ähnlicher, denn dem Gardian, den ich gekannt hatte. Nur das Lachen spielte noch immer um seinen zahnlosen Mund, und seine Stimme unterbrach sich, wie früher, durch fröhliches Kichern, obwohl er dabei war, mir seine Gardianstiefel, seine Parka, seinen Hut und ein paar Bücher zu vermachen, „wenn ich endlich abkratze". Er erholte sich noch einmal, zog noch einmal nach Saintes Maries de la Mer, erlebte dort noch einen Frühling und noch einen Herzanfall: den letzten. Als ich mich im Krankenhaus nach ihm erkundigte, enthielt man mir selbst die Nummer seines Grabes und den Namen seines Friedhofes vor. Ich vermute, seine Überreste sind Medizinstudenten oder einem Massengrab überantwortet worden.

DIE CAMARGUE UND DIE CAMARGUAIS

Während meiner ersten Gardianlehrjahre bildeten die Dörfler von Saintes Maries de la Mer noch eine Art Sippe, obwohl die einen vom Fischfang lebten, die anderen Krämer waren, dritte Gardians und Gardianfamilien, vierte als Bistrotiers, als Stehbarbesitzer, von den Anfängen des Fremdenverkehrs zu profitieren und die übrigen den hohen Böden rund um das Dorf herum Wein und Gemüse, Salat und Hasenheu abzutrotzen versuchten. Das Dorf selbst besaß eine Primarschule mit zwei Lehrern, eine Kirche aus dem Mittelalter, ein Museum mit Gardianwerkzeug und vergilbten Photographien, ein Gemeindehaus mit einer Katasterabteilung, eine Apotheke, einen Arzt, eine Post und sieben Kneipen, teils schon mit Fremdenzimmern. Vor jedem Mittag- und Abendessen traf man sich in seiner Stammkneipe. An Samstagen stattete man allen sieben einen Höflichkeitsbesuch ab: das war Tradition und gewährleistete die Geschlossenheit der Sippe nach außen und den Fortbestand der Clanrivalitäten im Inneren. Diese dörfliche Ordnung geriet nur einmal im Jahr aus den Fugen: vom zwanzigsten Dezember bis zum zweiten oder dritten Januar. Während dieser vierzehn Tage fanden reihum in jedem Bistrot Maiskorntombolas statt, an denen jeweils alle teilnahmen und bei denen man Hartwürste, Oliven, Hasen, Wildenten, Fasanen, Rebhühner, ja sogar Wildschweine als Weihnachts- oder Sylvesterbraten gewinnen konnte. Man mietete für wenig Geld einen Karton mit sechs bis zwölf Nummern beim Stehbarbesitzer. Seine Tochter drehte eine Trommel, in der numerierte Holzkugeln durcheinanderwirbelten. Endlich klinkte eine aus, und ihre Nummer wurde aufgerufen. Befand sich die Zahl mit auf dem Karton, so schob man ein Maiskorn auf ihr Feld. Wer seinen Karton als erster mit Körnern voll belegt hatte, gewann den Preis; das Wildschwein oder den Truthahn, die Gans oder zwei Wildenten.

Am Weihnachtsabend ging man zur Mitternachtsmesse und daraufhin tanzen, und gegen vier Uhr morgens brachen traditionsgemäß die Rixen aus: massive Schlägereien, bei denen hin und wieder die Bareinrichtung mit zu Bruch ging. Oft dauerte der Kampf bis in den zweiten Weihnachtstag hinein, worauf eine Woche lang dicke Luft herrschte, die in der Sylvesternacht noch einmal in Handgemenge kulminierte. Dann war der Friede wieder hergestellt. Einzelne Dörfler waren aus ihrem Stammclan

ausgeschert und zu einem anderen übergelaufen; die alten und neuen Verbrüderungen mußten zwölf Monate lang halten.
Den Fremden erschienen die Rixen in der Regel als ein Rückfall ins Mittelalter, als ein Beweis mehr für die Unberechenbarkeit der Camarguebewohner. Sie riefen schrill nach der Polizei und Rausschmeißern und Leibgarden und übersahen glücklicherweise, daß sich die Dorfgendarmen in Zivil längst voll Begeisterung mitten im Getümmel schlugen – für ihren eigenen Clan. In Wirklichkeit kämpfte man zwischen Weihnachten und Neujahr wohl in erster Linie um die mittleren Ränge in der Sippenhierarchie, und das Geraufe, das durchaus zu Gehirnerschütterungen, ausgeschlagenen Zähnen, Schlüsselbein- und Armbrüchen führen konnte, glich damit Zug um Zug den Kämpfen der Stiere auf der Weide, selbst wenn sich diese, im Gegensatz zu den Dörflern, dabei höchst selten nur ernsthaft verletzten.
Die Sippenjugend hatte jedenfalls ihren kollektiven Rausch gebührend gefeiert, dokterte kurz an blauen Augen und wackeligen Unterkiefern herum, während das Dorf in seinen gewohnten, nach außen hin schläferigen Lebensrhythmus zurückfiel: Gégène, der Maurer, der während der Feiertage ausnahmsweise nur einmal betrunken gewesen war, wenn auch zwei volle Wochen lang, tanzte an den Samstagabenden erneut seine einsamen Tangos durch die Gassen. Barraque, der Tellinenfischer, saß wieder täglich zwischen drei und sechs mit dem Doktor am Jacquet-Brett. Père Boisset klopfte von neuem nachmittags mit drei Fischern oder Krämern seine Belote (skatähnliches Kartenspiel). Und abends, vor dem Apéritif, machten die Rentner, die den Nachmittag über vor Boissets Stehbar in der Sonne geplaudert und geschwiegen hatten, bei einer Partie Pétanque aus, wer die erste Runde zu bezahlen habe. Café, der Gardian, tankte kurz vor Sonnenuntergang mehrere Gläschen Roten gegen die Kälte der Nacht. Dann kamen die Fischer in die Bar gestolpert, fluchten über die Strömungen und die Winde oder über den Nebel: man hieb sich gegenseitig auf die Schultern, vor die Brust oder auf den Magen, trank Pastis – in den Bars gab es über zwanzig Sorten davon – rollte Zigaretten und tauschte letzte Neuigkeiten aus. Inesta, der Cantonnier, Flurwächter, wurde wegen seiner Leidenschaft für die schönen Künste aufgezogen, Barraque wegen einer Unachtsamkeit beim Kartenspiel. Vater Coulon trat über die Schwelle, ließ seinen Blick über die Anwesenden schweifen, machte niemanden aus, der ihm ein Glas Rosé schuldete, zog weiter zur nächsten Bar.
Alle Dörfler in der ganzen Camargue waren Mitglieder wenigstens einer

solchen Sippe und durch Verschwägerung mindestens zweier oder dreier Clans. Jan beispielsweise gehörte zum Clan, der sich bei Boisset, Escambarla zu jenem, 'der sich im „Café du Commerce“ versammelte. Als Gardians Escambarlas gehörten wir mit zum Clan des „Café du Commerce“ und als Touristenführer der Mietstation mit zu dem, der sich „chez Camille“ zusammenfand. Zu keinem genauer bestimmbaren Clan gehörten nur Pjotr „le Russe“; Roche „le Sheriff“ und Martin „le Berger“, obwohl letztere beiden mit dem des „Commerce“ verschwägert waren.

Pjotr „le Russe“ war ein weißrussischer Offizier, der eines schönen Tages in Saintes Maries aufgetaucht war, als Maurer, Anstreicher, Schwemmholzsammler zu arbeiten begonnen und sich schließlich auf einem Flecken Gemeindeboden eine Hütte aus Kisten, Dachpappe, Konservendosen und Ölpapier errichtet hatte. Pjotr trug sommers und winters seinen farblich längst nicht mehr bestimmbaren Offiziersmantel, aus dessen rechter Außentasche stets eine Flasche Rotwein ragte. Pjotr war groß, hager, ging bolzengerade aufgerichtet, hielt die Sohlen seines schweren Schuhwerks mit Drähten am Oberleder fest und galt allgemein als das, was man in Nordfrankreich einen „Clochard“ nennt: als Penner. Ich begegnete Pjotr beinahe täglich, wenn ich zur Mietstation ritt. Seit kurzem grüßten wir uns. Dennoch wußte ich nicht mehr von ihm als die anderen Dörfler.

Eines Tages gebot mir die Patronin, einen zweieinhalbjährigen Vollblüter zuzureiten. Das Tier, das sie in einem speziellen hochumzäunten Gehege hielt, war von einer alten Dame im Fohlenalter gekauft und als Schmustier aufgezogen worden, bis es nach jedermann und nach seiner Herrin gefährlich auskeilte und biß. Verzweifelt hatte die Dame Houblon – so hieß der Hengst – schließlich unserer Patronin anvertraut, obwohl sich Jan von Anfang an weigerte, sich mit dem Tier zu befassen: „Wir leben in der Camargue und haben Arbeit genug mit Pferden, die zuzureiten es sich lohnt! Will die Patronin ein Zirkuspferd aus ihm machen, so kümmere sie sich gefälligst selbst um ihn!“ Doch Houblon schlug und stieg und kam zur Begrüßung mit gebleckten Zähnen auf einen losgeprecht. Ich warf ihm heiße Kartoffeln in den Rachen, wich seinen Hinterhufen nach Möglichkeit aus, beantwortete Schläge mit den Vorderhufen durch Watschen an die Nüstern und war schließlich der Einzige, der sich zu ihm ins Gehege wagen konnte, ohne um sein Leben bangen zu müssen. Nun sollte ich ihn zureiten. Jan und ich führten ihn in den Korral am Dorfausgang. Ich sattelte ihn mit dem leichtesten Flachsattel, den ich hatte auftreiben können. Jan hob mich auf seinen Rücken und der Tanz begann. Houblon marschierte häufiger allein auf den Hinterhufen als auf allen Vieren, knickte dabei regelmäßig ein; längst hatte ich die Bügel fahren gelassen, um mich rechtzeitig abstoßen zu können, sollte er sich überschlagen. Er tat es nicht an diesem Tag, dafür in der Folge mehrmals, mit Vorliebe auf der asphaltierten Straße.

Als ich ihn zum dritten oder vierten Mal ritt, war Jan eben mit Kunden unterwegs. Ich hatte Houblon erst lange auf einer freien Bauparzelle hinter der Station longiert, dann war ich aufgesessen und versuchte vor allem, ihn im Schritt und Trab auf einem Zirkel ruhig vorwärts zu reiten. Doch alle zwei, drei Meter weit, hielt er bockbeinig an, stieg, fuchtelte mit den Vorderhufen vor sich herum. Allmählich wurde ich ratlos, glaubte ich doch, bereits alles mit ihm ausprobiert zu haben: die lockeren Zügel, die Anlehnung, tiefe Fäuste und hohe Hände, feine Schenkel, feines Kreuz und weniger feine Hilfen, die kurze Peitsche und die lange, Schnalzen und Zureden, Pfeifen und Singen.

Da trat Pjotr „le Russe“ in die Mitte des Zirkels, grüßte und sagte: „Weswegen er steigt, kann ich dir von hier aus auch nicht sagen! Aber laß mich 'mal draufsitzen, bin kaum schwerer als du!“ Ich ließ mich aus dem Sattel gleiten und hielt Houblon an den Zügeln fest, während Pjotr seinen Mantel auszog, zusammenrollte und auf den Boden legte. Er schnallte den Gürtel zwei Löcher enger, rollte die Ärmel des einmal weiß gewesenen Hemdes auf, trat an den Junghengst heran und schwang sich, den Steigbügel nur wie ein Hauch berührend mit so katzenhafter Behendigkeit in den Sattel, als hätte er den Dienst bei den Kosaken erst gestern quittiert. Sie trabten an. Pjotr trug die Zügel mit der Linken am zusammengenähten Ende locker vor sich her, schwang wie ein Weichgummistab mit jeder Bewegung mit. Anstandslos trabte der Junghengst einmal rund um den Zirkel, stemmte plötzlich die Vorderhufe ein, stieg, keilte in den Himmel, worauf sich seiner Kehle unvermittelt ein röhrendes Stöhnen entrang. Er kam auf die Erde zurück, fiel erneut in Trab und trabte, trabte, ließ sich durchparieren und neu antraben und schließlich sogar in einen holperigen Galopp schieben. Ans Steigen schien er nicht einmal mehr zu denken. Dann hielt ihn Pjotr neben mir an, schwang sein rechtes Bein über den Mähnenkamm und glitt aus dem Sattel. „Wie machen Sie das nur? “ fragte ich. Pjotr hob die Schultern, bückte sich nach seinem Mantel, antwortete: „‘n'en sais rrrien! – Weiß ich auch nicht!“

Ich kletterte erneut auf Houblons Rücken, nahm die Zügel so auf, wie

Pjotr es getan hatte, ritt an, trabte an, kam einen halben Zirkel weit und der Junghengst stieg erneut. Als er wieder auf allen Vieren stand, trabte ich ihn weiter. Diesmal brachten wir es auf zwei ganze Runden ohne Unterbruch. Pjotr hatte inzwischen seinen Mantel übergezogen, winkte mir zu und stolperte seiner Hütte am Ufer des Etang des Launes entgegen. Am Abend erzählte ich Jan von Pjotrs Lektion. Er nickte nachdenklich und sagte: „Hatte ihn seit jeher in Verdacht, in Wirklichkeit ein Ritter zu sein!" Er sagte nicht „cavalier", Reiter, sondern „chevalier", Ritter, und spielte mir damit das Wort zu, um das ich den ganzen Nachmittag hindurch gerungen hatte.

Eine andere Persönlichkeit, die, wie Pjotr „le Russe", am Rande der Dorfsippe lebte – wenn auch nur ihres hohen Alters wegen – war Clanclan. Die Dörfler behaupteten damals, er sei neunzig Jahre alt. Er konnte ebensogut fünfundsiebzig oder hundert Jahre zählen: Clanclan war der Dorfpatriarch. Zwar verrieten Gerüchte, er sei nicht mehr ganz klar im Kopf. Doch Gerüchte verrieten viel in der Camargue, wo sich jeder die Zeit nahm, Worte, Gesten, fröhliche Gesichter und zugeknöpfte, Fahrten nach Arles, Hundegebell und selbst das abendliche Froschquaken zu analysieren. Gerüchte besagten auch, Clanclan habe in seinem Leben und über die ganze Insel verstreut mehr Kinder gezeugt, als er zu zählen je in der Lage gewesen sei. Dabei sei er mit Frauen, vor allem mit der ihm angetrauten, höchst unsanft umgesprungen, habe in jungen Jahren einen ausgewachsenen Kampfstier von Hand niedergerungen und sei später der pfiffigste Wilddieb geworden.

Im Frühling, Sommer und Herbst saß Clanclan an schönen Tagen auf der steinernen Bank neben der Türe seines Hauses, abwechselnd auf den Stock gestützt oder an die weißgekalkte Mauer gelehnt, winkte Bekannten und Unbekannten mit dem Stock zu, krächzte „fait beau temps", „mauvais temps" oder „ça souffle", nickte ein oder wachte auf, die blinzelnden Augen auf fremde Horizonte gerichtet. Clanclan, hieß es, habe sich seit jeher einsilbig gegeben und sei den Dörflern stets herausfordernd deutlich aus dem Weg gegangen. Dennoch hatte er jahrelang als Gardian unter einem „Baile" gearbeitet, bevor er sich mit diesem überworfen und sich darauf als Wilderer selbständig gemacht hatte. Als ihm das Räuber- und Gendarmenspiel zu mühsam geworden war, hatte er sich in den Dienst der Gemeinde gestellt, war Torilgardian geworden, Hüter des Stierstalles vor und während der Stierkämpfe in der Arena. Daneben hatte er die Woche über als Cantonnier, Flurwächter, gewirkt, und für niemanden war es ein Geheimnis gewesen, daß er diese Arbeit nur angenommen hatte, um mit Rentenanspruch und in aller Ruhe weiter wildern zu können. Antwortete er damals abends, wenn er sich auf seinem Fahrrad noch einmal aus dem Dorf stahl, nicht geradezu provozierend deutlich auf die Frage: „Hé Clanclan, mounte vas? ", „Wohin? ": „Voy ̀a mi casteu!", „Nach meinen Schlössern sehen!"?

Bei einer der ersten Ferraden, die ich auf der Steppe bei Saintes Maries ritt, amtierte Clanclan, ungeachtet seines hohen Alters, noch als Jungstier-Markierer. Wir hatten zusechst den Jährling übernommen, den der Manadier aus der Herde ausgesondert hatte, kreisten ihn ein, rückten zusammen und brachten ihn in gestrecktem Galopp zum Feuer, das Clanclan unterhielt. Nur zwanzig Meter davor, fällte Pierrot, des Manadiers Sohn, seinen Trident, zielte auf die Kruppe des Rindes, wartete die Bewegungsphase ab, in der sich dessen Klauen über dem Boden streckten, stieß zu. Der Jungstier überschlug sich, und schon hatten wir uns zuzweit oder zudritt auf ihn hinabgestürzt, hielten ihn fest, bis die Dörfler mit den Stricken anlangten, ihn zum Feuer schleppten, dort umwarfen und am Boden blockierten. Der Manadier kam herübergeprecht. Clanclan zog das eiserne Brandzeichen aus der Glut, spuckte darauf, um seine Temperatur zu prüfen, trat an den Jungstier heran, drückte ihm den glühenden Stempel auf. Qualm wogte hoch. Sowie er sich verzogen hatte, sah ich Clanclan am Kopfende des Tieres knien und mit gewandten Schnitten die „Escoussures" anbringen. Die Dorfburschen lösten die Schlingen an den Hörnern und Läufen des Rindes, ließen es sich erheben. Ein besonders kräftiger Junge hielt es fest, während sich alle übrigen Fußgänger auf der Korralumzäumung in Sicherheit brachten; alle außer Clanclan. Der Jungstier raste los, stürzte geradenwegs auf Clanclan los. Dieser hob seinen Stock, knallte ihn dem Rind an die Nüstern, es zuckte zusammen, warf sich herum und schien uns angreifen zu wollen, die wir ihm voraus zur Herde zurückgaloppierten. Keines der vier Jungrinder, die wir an diesem Sonntag markierten, getraute sich näher als bis auf Stockweite an Clanclan heran. Selbst Jan konnte mir nicht erklären, weshalb des Alten Tollkühnheit in keinem Fall zur Katastrophe führte. Später sah ich Clanclan noch manches Mal Jungstiere brennen. Er benahm sich nie vorsichtiger als bei diesem ersten Mal und wurde dennoch nie verletzt.

Inzwischen waren fünf Jahre vergangen. Das Gardian- und Fischernest Les-Saintes-Maries-de-la-Mer, hatte sich – anfänglich kaum bemerkbar, am Ende geradezu hektisch – zu einem Badeort voll acht Monate jährlich leerstehender Villen, Ferienhäuser, Ferienappartements, Hotels und Gasthöfe, Andenkenläden, Pferdemietstationen, Campingplätze und einem

Mini-Golf-Platz gemausert. Die Stammkunden von einst, die Ruhe und Natur gesucht hatten, blieben aus. Dafür heulten nun im Sommer Sportwagen jeglichen Kalibers durch die engen Dorfgassen. Manche Gardians posierten als Vertreter der Folklore: Schnappschüsse nur gegen Bezahlung erlaubt.

Jahrelang hatten die Dörfler in bescheidenem Rahmen von den Einsamkeitssuchern profitiert. Kaum einer, der nicht irgendwo ums Dorf herum ein Stückchen Boden besessen und früher oder später händereibend verkauft hatte. Dann wurde das Bauland knapp. Da die Fremden nun immer zahlreicher und vornehmlich im Sommer ins Delta fanden, wenn die tiefen Böden, von der Sonne und dem Mistral ausgeglüht, trocken lagen, verhökerte man schließlich auf ihr Drängen hin auch Steppenboden. Kamen sie im Herbst mit einem Architekten zurück, so lag ihr „Privat-Eigentum! Zutritt verboten!" einen halben Meter tief unter Wasser. Tant pis! Sie ließen Bulldozer kommen, hoben den Grundstückgrenzen entlang tiefe Kanäle aus, schichteten den Aushub zu „hohen Böden" auf und bauten dennoch, die Dörfler im Steppenverkauf weiter bestärkend. Als schließlich Berufsspekulanten in den Bodenboom mit einstiegen, gab es um das Dorf herum kaum mehr Land. Und die Preise – von Managern gemanagt – begannen erst jetzt wirklich bedeutende Sprünge zu machen. Schlagartig stellten die Dörfler das Händereiben ein und lehnten sich stattdessen gegen den „Ausverkauf der Terro Santo" auf. Sie glaubten sich nun übervorteilt. Hatten sie ihre Hektar miesen Landes nicht für bescheidene Zehntausend abgestoßen und wurde diese Hektar nun nicht für Hundertfünfzigtausend weiterverhökert? Manche drohten den unsichtbaren neuen Besitzern echt camarguensische Prügel an. Andere beschuldigten den Gemeinderat, dritte – seltene Subjekte – lachten verbittert über das Mißgeschick und nannten sich selber Esel.

Die Alten, die Rentner, die die dreihundert Sonnentage des Jahres in den Korbsesseln vor Boissets Stehbar verbrachten, hatten indessen alles genau so vorausgesehen, hatten den Jungen vergeblich vom Landverkauf abgeraten und stießen sich vor allem an den Zäunen, welche die Fremden, als Zeichen der Besitznahme, um ihre Grundstücke zogen. Wer sich während (oder außerhalb) der Jagdsaison seine Wildente am Nordende der „Launes" schießen wollte, war früher quer über die Steppe gegangen und mußte heute der Straße entlang Staub schlucken, den nicht er selbst aufwirbelte. Und vor Verbotsschildern, klagten sie, sehe man neuerdings kaum mehr den Sonnenuntergang. Das Wasserwild sterbe aus, seit die Großgrundbesitzer aus dem Norden allein am ersten Jagdsonntag zweitausenddreihundert Wildenten und zwölfhundert Wasserhühner umbrachten. Und überhaupt gehe jedem auch nur halbwegs zivilisierten Menschen der Massenandrang im Sommer auf die Nerven. Man müsse ja selbst als Stammgast des Bistrots eine halbe Stunde auf seinen Pastis warten.

Gewiß, eine ganze Reihe Dörfler füllte sich als Krämer unauffällig die Taschen. Doch schon machten vereinzelt Fremde im Dorf Boutiquen und Luxusläden auf, welche die Einheimischen zwangen, ihre erst letztes Jahr schön hellblau gestrichenen Auslagen erneut zu modernisieren! Kurz, der Tourismus war kurzfristig zwar ein einträgliches Übel, an das sich langfristig aber wohl nur die Touristen selbst gewöhnen konnten.

Gegen das Ende des Winters saß Clanclan eines Nachmittags auf dem Stuhl vor dem Kaminfeuer, starrte, das Kinn auf seine, über dem Stockende gekreuzten, Hände gestützt, lange in die Flammen, nickte ein, wachte auf, starrte nun in die Glut, nickte wieder ein, wachte wieder auf, ohne sich nennenswert zu regen. Gegen vier Uhr entschied er, zum Abend sei noch Holz zu hacken. Er erhob sich, schlurfte in den Holzschuppen, griff zur Axt. Während einer halben Stunde barsten Klötze unter seinen Hieben, und die Scheiter knallten rechts und links an die Schuppenwände. Während einer halben Stunde kicherte der Alte vor sich hin, fuhr das Eisen, trotz knorriger Äste, gerade durch die Klötze. Doch unversehens schob er mit jäh unsicheren Händen seinen Hut ins Genick, erwischte das Schnupftuch in der Hosentasche, fuhr damit über die hohe Stirn und die Augen, tastete fahrig nach seinem Stock, wankte der Wand entlang aus dem Schuppen ins Haus und dort in seine Kammer und ließ sich ächzend, stöhnend auf sein Bett sinken, keuchte, hustete bis seine Tochter in der Türöffnung erschien, erschrak, zur Nachbarin stürzte, den Arzt holen ließ und ihr aus dem Fenster nachrief, gleich auch den Priester zu alarmieren. Sowie Clanclan das Wort „Curé", Priester, hörte, richtete er sich mit einer letzten, verzweifelten Anstrengung auf, lallte laute Flüche und verbot „dem Priester und allen anderen Seelenklaus der Welt" patriarchalisch feierlich endgültig sein Haus, ließ sich kraftlos auf das Kissen sinken und verschied.

Mit den ersten Apéritiftrinkern des Abends gelangte die Nachricht vom Tode Clanclans in Boissets und sämtliche anderen Stehbars und von hier aus, wenig später, bis in die letzte Hütte des Dorfes. Die Alten drängten sich dichter zusammen, schwiegen lange, starrten trübsinnig vor sich hin, brüteten über dem Problem: war Clanclans Tod nur die Ankündigung des Unheils oder die Heimsuchung selbst, die sie seit Monaten voraussagten?

Sie kamen zu keinem Ende. Am nächsten Morgen trieb es sie schon um zehn Uhr zur Beratung zurück. Jeder steuerte Beobachtungen bei, Gedanken und Achselzucken: „In den letzten Fängen meines Sohnes waren Dutzende von Tiefseefischen, obwohl er die Netze in den Lagunen ausgelegt hat. Das kann nichts anderes bedeuten, als daß die letzten Winterstürme in diesem Jahr nicht nur den Strand und die Steppe, nein, auch das Dorf überspülen werden, vermutlich sogar Méjanes und Albaron!"
„Quatsch! Der dritte Weltkrieg ist's, der unmittelbar bevorsteht! Wozu graben die Amerikaner sonst Atombunker in ihre Gärten und Parkanlagen? Die wissen Bescheid!"
„Und wenn's nicht der Krieg ist, wird's die neue Blutkrankheit sein! Das große Sterben hat begonnen und uns, die wir Fremde aus allen Windrichtungen beherbergen, wird's am ehesten erwischen!"
Lastwagen kippten unterdessen Schutt und Erde über die Ränder der Landzungen, die weiter und weiter in den Etang des Launes hinausleckten. Ratternde, klappernde Mischmaschinen spien Beton für Fundamente aus. Über den ehemaligen Morasttümpeln zwischen der Straße und dem Salzsee sägten und hämmerten Dachdecker in den Gerüsten neuer Cabanes und Ferienvillen, die noch vor Saisonbeginn bezugsbereit sein mußten. Im Dorf entstanden „Fremdenzimmer mit fließendem Wasser" aus Garagen, Schuppen, Speichern und Scheunen. Die Alten schüttelten die Köpfe: „Ungestraft sprengt niemand jahrhundertealtes Gemäuer! Ungestraft schüttet keiner einen Salzsee zu!"
Clanclans Tod war eine Zäsur. Mit Clanclan starb die alte „Terro Santo". Im Nordwesten des Vaccarès ebneten Bulldozzer Steppenteile ein, um neue Reisfelder zu gewinnen. Die Abwässer aus den Reisplantagen hatten bereits das biologische Gleichgewicht des Vaccarès und vieler anderer Salzseen grundlegend verändert. Der Kunstdünger, die Schädlingsbekämpfungsmittel und neuerdings auch die von Flugzeugen ausgesprühten Mückenvertilgungsmittel ließen viele Algenarten verschwinden, andere sich ansiedeln, nahmen den Vögeln und Kriechtieren die Nahrung, brachten Wasserschnecken und Wasserwürmer zum Aussterben, ließen Fische verhungern. „Notre terre est foutu! Unser Land ist im Eimer!" klagten die Dorfalten.
Ihre Söhne und Töchter begruben indessen mit Clanclan die Zeit ohne Dorfkino, ohne Fernsehen, ohne Postsparbuch. Der Trauerzug hatte denn auch – wie oft in der Provence – mehr von einem Festumzug, denn von einem Totengeleit: Frauen und Töchter eröffneten ihn in ihren bunten Arlesiertrachten. Hinter ihnen zog ein Schimmel den tamariskenbe-

grünten Zweiräderkarren mit dem Sarg. Ihm folgten die Manadiers und Gardians, ihre Pferde an den Zügeln führend, und zahlreiche Dörfler aus der ganzen Camargue. Das Schwarz ihrer Samtjacken war Festschwarz, nicht Trauerflor. Es gehörte zur Landestracht, roch nach Pferd und Ferrade, nicht nach Mottenkugeln oder Weihrauch. Der Sarg hüpfte auf der Karrenbrücke herum, rumpelte, polterte, schaukelte beängstigend; kein Sargtuch – ein Monopol der Kirche – verbarg seine Sprünge. Erst als sich der Umzug durch das Friedhofsportal drängte, verschlossen sich die Gesichter, obgleich kein Totengeläute von der Kirchenfestung herüberschwang, kein Priester, kein Meßknabe und keine Litanei an eine allzulange Messe erinnerten. Nach dem Versiegeln der Familiengruft aus Eisenbeton, in der Clanclans Überreste sich im Laufe der Sommer und der salzgeschwängerten Stürme allmählich mumifizieren würden, ging man zum Apéritif. Nach dem vierten Pastis erzählte Clanclans Sohn lustige Begebenheiten aus dem Leben seines Vaters, während die Alten um zwei leere Kartentische herum hockten, den Jungen an der Theke zuhörten und ausnahmsweise auf die Abendbelote verzichteten.

Im folgenden Sommer, Herbst und Winter starb einer der Alten nach dem anderen weg. Die Überlebenden behaupteten, an Mutlosigkeit. Selbst der „Sheriff" von Saintes Maries, ein ehemaliger Gardian, der während des ersten Filmbooms in den Zwanzigerjahren mit Joe Hamann zusammen Held unzähliger Franco-Western war und die erste Pferdeverleihstation der Camargue eröffnet hatte, war schwer und unheilbar erkrankt.

Ein Jahr nach dem Tode Clanclans reihte sich Escambarla mit unter die Alten vor der Stehbar ein. Auch ihm hatte das Jahr nichts als Unheil gebracht. Zwar trugen seine Rinder, seit sie beim Mas de l'Isle weideten, auf dem Pachtland des neuen Patrons Jans, ein nahezu strahlend glänzendes Fell. Auch hatte sich Jan unablässig um sie gekümmert, und er hatte nur noch hin und wieder nach ihnen sehen müssen. Aber für ihn hatte der Umstand, daß sie nun siebzig Kilometer von seinem Wohnort entfernt weideten, einen Schicksalsschlag bedeutet. Ein Herdenbesitzer, der nicht pausenlos mit seinen Rindern umging, konnte die kämpferischen Qualitäten und Fehler seiner Tiere nicht instinktiv erspüren, mußte sich bei der Zuchtwahl unter den Kühen irren, beging notgedrungen Fehler beim Kälberverkauf, kurz, war zwar noch Herdenbesitzer, jedoch kein Gardian mehr, kein Heger und Hüter, kein Teilhaber mehr am Leben und Sichentwickeln seiner Herde.

Dann hatte er den Unfall erlitten. Er erinnerte sich kaum mehr daran. Er sah zwar noch seine Rinder und die gekreuzten und reinrassigen Spanier

des neuen Patrons Jans, seines Weidepartners; er sah noch seinen Trimar, seinen Junghengst, sich vor dem heimtückischen Angriff eines alten spanischen Bullens bäumen, sah ihn aus dem Stand über den Bullen hinwegspringen; er erinnerte sich auch noch daran, daß er zu dem Kontrollritt an jenem Nachmittag Trimar nur die Bardette, den Flachsattel aus Segeltuch, aufgeschnallt hatte, alles Übrige war in einem dunklen Abgrund verschwunden, stellte eine Gedächtnislücke von nahezu drei Monaten dar. Seit er aus dem Krankenhaus entlassen worden war, wußte er zwar, daß der Stier ihn am Schädel und Gehirn verletzt hatte, aber selbst das – und die Tatsache, daß er im Dorf deswegen als nicht mehr zurechnungsfähig galt – bedeutete ihm nichts Konkretes, war zwar eine Erklärung für seine Gedächtnislücke, blieb dennoch so unbegreiflich, als beträfe es einen anderen. Er wußte auch, daß der Schwiegersohn seine Herde bald nach dem Unfall verkauft hatte. Er verstand diesen Schritt durchaus und sprach auch darüber – nur daß es sich dabei um seine, um die von ihm gezogene, gehegte, gepflegte Herde handelte, schien er zu ignorieren.
Oft brach er frühmorgens zu Fuß nach Carrelet auf, und der Wildhüter dort sah ihn gegen Abend heranwanken, sich nach seinen Rindern erkundigen und mußte ihn dann im Auto nach Saintes Maries zurückbringen. Die Tochter verbot ihm darauf, nach Carrelet zu gehen; er folgte ihr und machte sich zu Fuß zur Steppe der Pèbre auf. Einmal wurde er erst am dritten Tag gefunden: halb verhungert, zu drei Vierteln verdurstet, völlig entkräftet. Und dennoch begriff er, was man ihm sagte, antwortete selten nur daneben, erkannte ohne Schwierigkeiten seine Freunde und Bekannten. Nur der Ablauf seines Lebens schien durch den Unfall stehengeblieben zu sein: Escambarla war noch Manadier und Gardian, als er – längst herdenlos – zwei Jahre später starb.
Escambarla saß zwischen den Alten in der Sonne vor Boissets Stehbar. Jan arbeitete in der Crau. Jean-Louis weilte im Armen-Asyl der Stadt Arles. Carrelet wechselte den Pächter. Lairan war längst eine exklusive Jagddomäne reicher Fremder. Der Züchter und ehemalige Besitzer Durs, bei dem ich hin und wieder Jungpferde zugeritten hatte, war gestorben. Lou Rèi hielt an den Samstagen zwar weiter Hof in Arles; seine Herde weidete jedoch noch weiter von Saintes Maries entfernt als die des neuen Patrons Jans, in der ich ebenfalls von Zeit zu Zeit aushalf. Reisfelder breiteten sich da, wo wir, nur zwei Jahre zuvor, noch Sammeltreiben geritten und Ferraden abgehalten hatten. Im Dorf gaben nun als Gardians verkleidete Städter den Ton an, waren offenbar Stars oder unermeßlich

reich. Einzelne Manadiers rissen sich geradezu um ihre Freundschaft oder um das Aushängeschild, das diese für ihre Reiterhotels abgaben. – Die Terro Santo war gestorben.
Ich sattelte noch einige Male Dur, ritt allein, oft ziellos, nach Beauduc, nach Terreneuve, zur ehemaligen Cabane Jean-Louis' am Rand des Vaccarès, nach Carrelet und dem Rhônedamm entlang nach Norden. Schließlich ritt ich ein letztes Mal zu Jan, vertraute ihm meinen Schimmel an, mein Sattelzeug und meine Gardianausrüstung und fuhr in den Norden. Der Traum von einem Land, ein paar Menschen und einer Zeit schien ausgeträumt.
Zwei Jahre später kam ich zurück, irrte erneut durch das Inseldreieck, versuchte, es mit einem anderen Blick zu erleben. – Doch, es gab noch Landstriche im Delta, die aus Urlandschaft bestanden, die abgeschnitten, abgelegen, ihren ursprünglichen Charakter beibehalten hatten. Noch gab es Passagen durch die Schilfmeere, die allein dem Eingeweihten offenstanden und jenseits dieser Passage gab es noch „heilige Erde", noch „Terro Santo". Noch zogen halbwilde Kampfstier- und Pferdeherden über hohe Böden und durch die Niederungen der grenzenlos erscheinenden Sümpfe. Und am Ende einer nichtendenwollenden Piste lag, mitten in der Salzwüste der Steppe oder jenseits der Geröllwüste der Crau, ein Mas zwischen Tamarisken, vor dem einen ein Freund erwartete.
Hier schien die Zeit dann stehen geblieben zu sein. Hier aß man noch in Salz gestubbte frische Zwiebeln, Sardellen aus dem Steintopf, Brot, Oliven und Tomaten und trank leichten kühlen Roten dazu. Und am nächsten Morgen fand dem Gast zu Ehren eine Ferrade statt. Man markierte zu sechst oder zu acht drei Jungrinder, taufte sie beim Mittagessen, paffte daraufhin seine Pfeife, bis es Zeit zum Aufbruch war. Doch, die „Terro Santo" gibt es noch, wenn heute auch nur noch in Landstrichen, in denen sie – glücklicherweise – kaum einer sucht!